100 SEGREDOS DE LIQUIDIFICADOR

RECEITAS FÁCEIS PARA FAZER COM A AJUDA DO LIQUIDIFICADOR

Livros do autor publicados pela **L&PM** EDITORES

Coleção **L&PM** POCKET:

100 receitas de aves e ovos
100 receitas com lata
100 segredos de liquidificador
200 receitas inéditas do Anonymus Gourmet
Anonymus Gourmet em Histórias de cama & mesa
Dieta mediterrânea (c/ Fernando Lucchese)
Comer bem, sem culpa (c/ Fernando Lucchese e Iotti)
Cozinha sem segredos
Mais receitas do Anonymus Gourmet
Na mesa ninguém envelhece
Novas receitas do Anonymus Gourmet
Receitas da família
Receitas fáceis
Voltaremos!

Livros convencionais:

233 receitas do Anonymus Gourmet
A boa mesa com sotaque italiano (com Iotti)
O brasileiro que ganhou o prêmio Nobel
Copos de cristal
Enciclopédia das mulheres
Meio século de Correio do Povo
Memórias do Anonymus Gourmet
Opinião x censura
Recuerdos do futuro

Coleção **L&PM** POCKET, vol. 905

Texto de acordo com a nova ortografia.

Primeira edição na Coleção **L&PM** POCKET: outubro de 2010
Esta reimpressão: março de 2012

Capa: Ivan Pinheiro Machado. *Foto*: Shutterstock/argus
Preparação: Marianne Scholze
Revisão: Fernanda Lisbôa

CIP-Brasil. Catalogação na Fonte
Sindicato Nacional dos Editores de Livros, RJ

M131c

Machado, José Antonio Pinheiro, 1949-
    100 segredos de liquidificador / Anonymus Gourmet. – Porto Alegre, RS: L&PM, 2012.
    144p. : il. (Coleção L&PM POCKET; v. 905)

ISBN 978-85-254-2084-8

    1. Culinária. 2. Culinária rápida e fácil. I. Título. II. Título: 100 segredos de liquidificador. III. Série.

10-4860.   CDD: 641.5
                             CDU: 641.5

© José Antonio Pinheiro Machado, 2010

Todos os direitos desta edição reservados a L&PM Editores
Rua Comendador Coruja, 314, loja 9 – Floresta – 90220-180
Porto Alegre – RS – Brasil / Fone: 51.3225.5777 – Fax: 51.3221.5380

Pedidos & Depto. comercial: vendas@lpm.com.br
Fale conosco: info@lpm.com.br
www.lpm.com.br

Impresso no Brasil
Verão de 2012

J. A. PINHEIRO MACHADO

Anonymus Gourmet

100 SEGREDOS DE LIQUIDIFICADOR

RECEITAS FÁCEIS PARA FAZER COM
A AJUDA DO LIQUIDIFICADOR

www.lpm.com.br

Eu levaria um liquidificador para uma ilha deserta.
Anonymus Gourmet

Sumário

Salgados 11
- Pão de liquidificador (com geleia de bergamota) 13
- Pão integral (com geleia de morango) 14
- Pastelão de liquidificador 16
- Pizza de liquidificador 17
- Arroz verde 18
- Arroz sete camadas 19
- Camarão à parmegiana 21
- Canelone invertido 22
- Carne de panela pingada 23
- Costela na pressão 24
- Escalopes com molho gorgonzola (com batatas e tomates assados) 25
- Espinhaço tinto (com salada de batata da Vó Maria) 27
- Estrogonofe de costela 29
- Estrogonofe de peixe 30
- Estrogonofe de vegetais 31
- Filé de peixe com camarões e cogumelos frescos 33
- Frango com brócolis 34
- Fricassê de forno 35
- Galinha escondida 36
- Gratinado de camarão 37
- Lasanha de pão árabe 39
- Lasanha de peixe na pimenta 40
- Lasanha de ravióli 41
- Lasanha de sanduíche 43
- Lasanha enrolada 44
- Maionese assada 45

Macarrão cremoso 46
Macarrão picante 47
Macarrão do chefe...49
Maminha na cerveja (com batatas gratinadas) 50
Mandioca de luxo..52
Massa show..53
Milagre de forno...55
Molho branco do Anonymus 56
Molho branco especial (com camarão à Cecília) 57
Molho de atum (com peixe recheado) 58
Molho de mostarda (com frango na mostarda)..........59
Molho de nata (com bifes cremosos)........................60
Molho de queijo (com abobrinhas recheadas) 61
Molho de tomate do Anonymus (com massa
 várias carnes) 62
Molho de tomate turbinado 63
Molho de vinho (com costelão banquete).................64
Molho gorgonzola (com bifinhos de frango) 65
Molho pesto..66
Molho Punta del Este...67
Molho puttanesca (com bifinhos) 68
Molho quatro queijos (com frango aos
 quatro queijos)..69
Molho rosé 70
Pizza de cachorro-quente 71
Porca atolada (com arroz de biro-biro).....................72
Pot-pourri de peixe 74
Pudim de linguiça 75
Quiche de salsicha 76
Requeijão do Anonymus (com pastelzão de
 salmão) 78
Rigatoni na panela 79
Sopa do chefe..80
Sopa na moranga...81
Suflê fácil de frango..82
Surpresa salgada de polvilho 83

Tempero para galeto do Anonymus (com galetinho no forno, radite com bacon e polenta) 84
Torta de frango...86
Torta do dia seguinte 87

Doces 89

Ambrosia de forno 91
Bolo de ameixa 92
Bolo brasileiro..93
Bolo casadinho 94
Bolo de café 95
Bolo de fubá...96
Bolo essência 97
Bolo natural de maçã 98
Castelinho de panquecas 99
Cuca alemã de chocolate 100
Doce de goiabada 102
Estrelinhas de milho 103
Gelado e geladinho de doce de leite 104
Manjar de coco 105
Musse de banana 106
Ovos moles de liquidificador (com merengada cremosa) 107
Panquecas doces..108
Panquecas tropicais 110
Pizza de doce de leite 111
Potinhos cremosos 112
Pudim cara de bolo 113
Pudim de doce de leite..115
Pudim de goiabada 116
Pudim de laranja sem leite.......................................117
Pudim de milho 118
Pudim de queijo 119
Quindão de chocolate...120
Rocambole de nozes..122
Sagu de kiwi (com creminho do Anonymus)...........123

Sobremesa mágica 125
Surpresa de queijo 126
Torta de fubá mineira 127
Torta de ricota com passas 128
Torta preta e branca 130
Torta Romeu e Julieta 131
Torta de sorvete 132
Tortinhas musse de limão, maracujá e chocolate 134
Trouxinhas de chocolate 136

Índice de receitas em ordem alfabética 138

Sobre o autor 141

SALGADOS

Pão de liquidificador
(com geleia de bergamota)

2 xícaras e meia de água, 30g de fermento biológico fresco, 1 xícara de óleo, 2 colheres (sopa) de açúcar, 1 colher (sopa) de sal, 2 ovos, 800g de farinha de trigo, 1 gema para pincelar, óleo e farinha de trigo para a forma

1 – **NO LIQUIDIFICADOR**: comece batendo a água, o fermento, o óleo, o açúcar, o sal e os ovos.

2 – Leve a mistura do liquidificador para uma vasilha e acrescente a farinha de trigo. Mexa bem até obter uma massa homogênea.

3 – Unte e enfarinhe duas formas para pão. Arrume a massa nas formas, metade da massa em cada uma. Cubra com um pano e deixe crescer por uns 40 minutos. A massa vai dobrar de tamanho.

4 – Pincele a gema por cima de cada pão. Esquente o forno e leve as formas para assar por 40 minutos. O pão vai ficar dourado por cima e assado por dentro. Faça o teste do palitinho para ter certeza de que a massa está assada. Espere amornar e desenforme. Sirva e aproveite.

Dica do Anonymus: para acompanhar o pão de liquidificador, que tal uma geleia feita em casa? Aqui vai a receita da dra. Linda da geleia de bergamota (tangerina). Separe 12 bergamotas. Corte-as em metades e faça suco. Descasque outras 6 bergamotas (reserve as cascas), corte-as em metades e retire as sementes. Coe o suco das bergamotas e coloque-o em uma panela. Junte os gomos de bergamota sem sementes e ligue o fogo. Deixe abrir a fervura, mexendo às vezes. Acrescente um copo de açúcar. Agora é baixar o fogo e deixar cozinhar a geleia, mexendo sempre para não grudar no fundo da panela. Corte em tiras finas as cascas de bergamota reservadas. Um punhado é o suficiente. Quando a geleia já estiver mais grossa, acrescente as cascas (previamente lavadas). Misture e deixe abrir novamente a fervura. Quando começar a desgrudar do fundo da panela, desligue o fogo. Deixe esfriar. Arrume em um vidro e leve para a geladeira.

Pão integral (com geleia de morango)

2 xícaras de água morna, 1 xícara de óleo, 3 ovos, 2 colheres (sopa) de açúcar, 1 colher (sopa) de sal, 3 tabletes de fermento biológico fresco, 2 xícaras de farinha de centeio, 7 xícaras de farinha de trigo integral, farinha e óleo para a forma

1 – **NO LIQUIDIFICADOR:** bata a água, o óleo, os ovos, o açúcar, o sal e o fermento.

2 – Ainda com o liquidificador ligado, na velocidade baixa, acrescente a farinha de centeio. Bata mais uns minutos.

3 – Agora, coloque a mistura em uma tigela e, aos poucos, acrescente a farinha de trigo integral. Comece misturando com uma colher e, quando começar a ficar consistente, coloque a mão na massa. Misture até a massa começar a desgrudar das mãos. Retire-a e arrume-a sobre uma superfície lisa. Sove a massa com ajuda da farinha de trigo. Se precisar, acrescente um pouco mais. A ideia é ter uma massa lisa, homogênea. É preciso sovar por uns 10 minutos.

4 – Corte a massa em duas partes. Sove cada uma das partes e forme dois pãezinhos. Arrume cada um dos pães em uma forma retangular pequena (de aproximadamente 22cm) previamente untada e enfarinhada. Deixe crescer, coberto por um pano, por 40 minutos ou até dobrar de tamanho.

5 – Com o pão crescido, leve ao forno médio, preaquecido, por 40 minutos. Espere esfriar para desenformar e sirva!

Dica do Anonymus: para acompanhar o pão integral, que tal uma geleia de morango feita em casa? É simples e fácil de preparar. Para fazer a geleia de morangos do Anonymus, lave 6 caixinhas de morango, retire os talos e corte-os ao meio. Deixe ferver por 15 minutos. Acrescente dois copos e meio de açúcar, misture bem e deixe cozinhar por 40 minutos em fogo baixo. Está pronta!

Pastelão de liquidificador

2 xícaras de leite (o leite deve estar morno), 2 ovos, 2 xícaras de farinha de trigo, 1 xícara de óleo, 1 tablete de caldo de galinha (pode ser de carne, de legumes...), 1 colher (chá) de açúcar, 2 colheres (sopa) de fermento biológico seco, 200g de presunto picado, 200g de queijo picado ou ralado grosso, 1 caixinha de creme de leite

1 – **NO LIQUIDIFICADOR**: comece pela massa. Bata o leite morno, os ovos, a farinha de trigo, o óleo, o tablete de caldo e o açúcar.

2 – Retire a massa do liquidificador, coloque-a em uma vasilha e misture o fermento. Reserve.

3 – Agora, o recheio. Em outra vasilha, misture o presunto, o queijo e o creme de leite. Reserve.

4 – Vamos montar o pastelão. Unte um refratário médio ou forma e arrume metade da massa. Por cima entra o recheio. Para finalizar, espalhe o restante da massa, cobrindo tudo.

5 – Leve ao forno preaquecido, médio, por 40 minutos. A massa vai ficar assada, deliciosa. O queijo derrete, e o recheio é muito saboroso. Espere uns minutos antes de servir. Pode ser saboreado quente ou frio.

Dica do Anonymus: o pastelão de liquidificador pode ser preparado com recheios diferentes. Para variar o cardápio, aposte em um refogado de frango, de carne ou somente de vegetais. Crie, invente.

Pizza de liquidificador

2 ½ xícaras de leite, 2 ovos, ½ xícara de óleo, 1 pitada de sal, 1 pitada de açúcar, 3 xícaras de farinha de trigo, 1 colher (sopa) de fermento químico, 1 copo de molho de tomate, 2 latas pequenas de sardinha em óleo, 1 cebola, 100g de queijo ralado

1 – **NO LIQUIDIFICADOR:** comece pela massa. Bata o leite, os ovos, o óleo, o sal, açúcar, farinha de trigo e o fermento.

2 – Unte com óleo (pode ser o da sardinha mesmo) uma forma retangular pequena e arrume a massa ali dentro. Espalhe bem e leve ao forno preaquecido por, em média, 25 minutos. A massa ficará assada.

3 – Numa frigideira com óleo (também pode ser o da sardinha), frite a cebola e junte a sardinha, sem o óleo, previamente esmagada com a ajuda de um garfo. Mexa e acrescente, aos poucos, o molho de tomate. Misture e arrume o refogado em cima da massa assada. Finalize com o queijo ralado e leve ao forno novamente para derretê-lo.

Dica do Anonymus: prepare o molho de tomate em casa com 1 cebola, 1 tomate, 3 colheres (sopa) de massa de tomate, 1 colher (sopa) de farinha de trigo, 1 tablete de caldo de carne, 1 copo de vinho (pode ser tinto ou branco) e 1 copo de água. Bata tudo no liquidificador até que fique uma mistura homogênea. Depois, é só despejar tudo numa panela em fogo e, quando abrir a fervura, baixar o fogo e deixar cozinhar o molho por uns 30 minutos ou até ficar bem consistente e vermelho. Use na pizza e aproveite o restante para uma boa macarronada.

Arroz verde

2 folhas de couve sem o talo, 2 xícaras de folhas espinafre, 1 xícara de folhas de radite, 1 xícara de caldo de carne, ½ xícara de azeite de oliva, 1 xícara de leite, ½ cebola, 1 ovo, 4 xícaras de arroz cozido, óleo para untar

1 – **NO LIQUIDIFICADOR**: lave bem os vegetais e bata-os no liquidificador com o caldo de carne, o azeite, o leite, a cebola e o ovo. Vá acrescentando o arroz aos poucos. Se precisar, bata em duas etapas.

2 – Coloque a mistura em uma forma previamente untada e leve ao forno por, aproximadamente, 40 minutos.

3 – Retire o arroz do forno e desenforme. Sirva em seguida, acompanhado por carne, frango ou peixe.

Dica do Anonymus: para o arroz verde, podem ser usadas folhas de diversos vegetais. Escolha aqueles que mais gostar ou que tiver em casa. Para incrementar o arroz verde, prepare um refogado. Em uma panela, frite um pouco de carne picada ou moída. Junte cebola e tomate picados. Acrescente um bom caldo de carne e um toque de farinha de trigo. Deixe cozinhar até que fique um molho grosso. Coloque um pouco do refogado por cima do arroz verde já desenformado e sirva. Uma refeição completa!

ARROZ SETE CAMADAS

2 copos de arroz cru, 3 cebolas, 300g de ervilhas, 400g de carne moída, 1 tomate, 3 colheres (sopa) de massa de tomate, 1 xícara (cafezinho) de molho de soja, 1 colher (sopa) de farinha de trigo, 200g de queijo ralado grosso, 200g de bacon picado, 4 copos de água fervente, óleo para refogar e untar

1 – **NO LIQUIDIFICADOR**: comece pelo molho de carne. Bata no liquidificador o tomate com uma cebola, o molho de soja, a massa de tomate, a farinha de trigo e um pouco de água, o suficiente para girar o liquidificador.

2 – Refogue a carne moída em uma panela com um fio de óleo. Quando dourar de leve a carne, acrescente o molho batido no liquidificador. Misture e deixe cozinhar por alguns minutos até obter um molho de carne bem consistente.

3 – Agora, vamos montar o arroz sete camadas. Em um refratário untado com óleo, faça a primeira camada com um copo de arroz, arroz cru mesmo. A segunda camada é de cebolas picadas. A terceira, de ervilhas. A quarta, do molho de carne. A quinta é mais uma de arroz, o segundo copo. Depois vem o queijo, e a última camada é de bacon, bem picado. Para finalizar, cubra tudo, distribuindo por todo o refratário, com água fervente. Dois copos de água fervendo mesmo.

4 – Agora é levar ao forno por, em média, 40 minutos (médio para baixo). O tempo depende muito do seu forno. Cuide para o arroz estar macio. Assim, estará pronto para servir.

Dica do Anonymus: O arroz sete camadas é um ótimo prato único. Experimente preparar com outros ingredientes: milho no lugar da ervilha, frango no lugar da carne e outras substituições que possam completar as sete camadas.

Camarão à parmegiana

½ kg de camarão, 1 limão, pimenta-do-reino, farinha de trigo, 2 ovos, farinha de rosca, 8 tomates, 1 cebola, 1 colher (sopa) de farinha de trigo, ½ litro de água, queijo em fatias, sal

1 – Comece empanando os camarões. Para isso, é preciso temperá-los com o suco do limão, a pimenta e sal a gosto. Em seguida, passe os camarões, um por um, na farinha de trigo, nos ovos previamente batidos e na farinha de rosca. Coloque-os em um refratário e leve ao forno preaquecido até ficarem dourados.

2 – **NO LIQUIDIFICADOR**: é preciso bater os tomates, a cebola, a farinha e a água com uma pitada de sal e, se preferir, uma pitada de pimenta-do-reino. Leve ao fogo por 40 minutos, em média.

3 – Retire os camarões do forno, coloque por cima uma camada de molho, o queijo em fatias e o restante do molho. Leve tudo ao forno novamente por 10 minutos, o suficiente para derreter o queijo. Está pronto! Um prato saboroso para qualquer ocasião!

Dica do Anonymus: o molho à parmegiana vai muito bem também com carne bovina, suína ou frango. Experimente.

CANELONE INVERTIDO

2 colheres de farinha de trigo, 50g de manteiga, 1 litro de leite, 200g de queijo em pedaços, 250g de massa tipo cabelo de anjo, fatias de presunto, fatias de queijo, 50g de queijo ralado, água, sal

1 – **NO LIQUIDIFICADOR**: bata a farinha de trigo, a manteiga, o leite e o queijo em pedaços. Leve a mistura para uma panela e, mexendo sempre, espere engrossar em fogo baixo. Reserve.

2 – Cozinhe a massa em uma panela com água fervente e uma colher de sal, pelo tempo indicado na embalagem. Escorra a massa e reserve.

3 – Com o molho pronto e a massa cozida, vamos montar os canelones. Pegue uma fatia de presunto. Cubra com uma fatia de queijo e coloque um pouco da massa em cima de tudo. Enrole e arrume em um refratário. Faça quantos canelones desejar, sempre com o presunto, o queijo e massa em cima.

4 – Cubra os canelones com o molho de queijo, finalize com o queijo ralado e leve ao forno preaquecido por, em média, 30 minutos ou até dourar o queijo. Sirva em seguida.

Dica do Anonymus: você pode variar o recheio com os tipos de presunto, mortadela e com os queijos. No molho de queijo pode entrar um toque de noz moscada, para dar um sabor especial.

CARNE DE PANELA PINGADA

1 ½ kg de carne bovina (agulha, paleta, peito...), 1 cebola grande, 1 tomate grande, 1 copo de vinho tinto, ½ copo de molho de soja, 1 colher (sopa) de manteiga, óleo, água quente

1 – **NO LIQUIDIFICADOR**: comece pelo molho que vai pingar a carne. Bata no liquidificador a cebola, o tomate, o vinho e o molho de soja. Leve a mistura para uma panela e deixe ferver até reduzir um pouco o molho. Não muito: uns 15 minutos.

2 – Corte a carne em pedaços grandes. Esquente uma frigideira e acrescente uma colher de manteiga e um pouco de óleo. Frite os pedaços de carne dos dois lados. Deixe-os bem dourados.

3 – Aos poucos, vá acrescentando o molho. Um pouco de cada vez. Coloque o molho, espere ser absorvido pela carne e coloque mais um pouco. O processo de cozimento é lento: deve amaciar a carne aos poucos. Quando acabar o molho, adicione água quente. A carne estará pronta quando ficar macia. Sirva com o acompanhamento que desejar: arroz, batatas, massa... O molho da carne de panela pingada vai bem com tudo.

Dica do Anonymus: que tal umas batatas crocantes para acompanhar? Prepare-as com a carne quase cozida e macia. Corte quatro batatas grandes em rodelas grossas. Cozinhe em água quente com um pouco de sal. Deixe cozinharem, mas não muito, o suficiente apenas para ficarem macias. Retire-as da água. Esquente bem uma panela e adicione duas colheres de manteiga e um pouco de óleo para não queimar. Arrume as fatias de batata já cozida e deixe fritar de um lado e depois do outro. Retire-as quando estiverem douradas e arrume-as em um prato com papel absorvente. Sirva a carne com o molho e as batatas crocantes.

Costela na pressão

1 ½ kg de costela bovina, 1 tomate, 1 pimentão, 1 cenoura, 1 cebola, 2 tabletes de caldo de carne, 3 colheres (sopa) de massa de tomate, 2 colheres (sopa) de farinha de trigo, 1 copo de vinho tinto, ½ xícara de molho de soja, azeite, sal

1 – Comece pela carne. Corte a costelas em módulos, pelo osso. Tempere com sal. Esquente uma panela com um pouco de azeite e coloque os pedaços dentro. Deixe dourar por todos os lados.

2 – **NO LIQUIDIFICADOR**: bata o tomate, o pimentão, a cenoura, a cebola, os tabletes de caldo de carne, a massa de tomate, a farinha de trigo, o vinho e o molho de soja. Leve a mistura para a panela, junto com a costela. Bom, o ideal é usar uma panela de pressão desde o início, até

para fritar a carne. Depois, com o molho dentro, feche a panela e deixe cozinhar por 30 minutos. Se você estiver trabalhando com uma panela comum, o tempo deve ficar em duas horas.

3 – Desligue o fogo e espere esfriar a panela de pressão antes de abrir.

4 – Retire a carne e arrume-a em uma travessa. Sirva o molho em um recipiente.

Dica do Anonymus: para acompanhar a costela na pressão, uma boa dica é arroz branco, salada verde e batata-doce assada no forno. Hummm!

Escalopes com molho gorgonzola (com batatas e tomates assados)

700g de carne bovina, 3 colheres (sopa) de molho de soja, ½ litro de leite, 1 colher (sopa) de farinha de trigo, 50g de manteiga, 150g de queijo gorgonzola

1 – **NO LIQUIDIFICADOR**: bata o leite, a farinha, a manteiga e o queijo e leve a mistura ao fogo. Mexendo sempre, deixe o molho engrossar. Reserve.

2 – Para fazer os escalopes, a carne pode ser cortada como bifes e, depois, corte os bifes em 4 pedaços me-

nores. Frite a carne em uma frigideira bem quente. Quando começar a dourar, acrescente o molho de soja. Vire e doure os dois lados. Quando a carne estiver no ponto desejado, adicione o molho gorgonzola quente por cima de tudo. Sirva em seguida.

Dica do Anonymus: um cardápio completo para a família toda. Experimente servir os escalopes com molho de gorgonzola com batatas e tomates assados. Em um refratário raso, arrume uma camada de cebolas, outra de batatas e, por cima, tomates, todos cortados em rodelas. Arrume folhas de manjericão e regue com caldo de galinha. Polvilhe com queijo ralado e leve ao forno preaquecido por, em média, 40 minutos. Está pronto o banquete.

Espinhaço tinto
(com salada de batata da Vó Maria)

2 copos de vinho tinto seco, 1 limão, 3 dentes de alho, 1 cebola, 1 kg de carré de cordeiro, 2 colheres (chá) de sal, 1 colher (chá) de pimenta-do-reino, 2 tomates, 1 copo de caldo de carne, ½ xícara de farinha de mandioca, salsinha picada, azeite

1 – Comece temperando o carré. Coloque os pedaços em um pote e tempere-os com o sal e a pimenta. Em seguida, entre com o suco do limão, metade da cebola e do alho picados e o vinho tinto. Misture tudo e leve para a geladeira. Deixe por, no mínimo, duas horas.

2 – Retire os pedaços de carré do tempero. Esquente bem uma panela e, com um pouco de azeite, frite-os dos dois lados. Deixe-os bem dourados. Acrescente o restante da cebola e do alho picados.

3 – **NO LIQUIDIFICADOR**: bata os ingredientes do tempero, acrescentando os tomates. Coloque tudo na panela. Misture e junte também o caldo de carne. Agora é preciso tempo. Uma hora, mais ou menos. A carne deve ficar macia e o molho com uma cor forte. Não deixe secar muito. Se preciso, acrescente um pouco de água.

4 – Acerte o sal. Retire os pedaços de carré e arrume-os em uma travessa. No molho restante na panela, com o fogo ligado, coloque a farinha de mandioca aos poucos, mexendo sempre. Quando engrossar, estará pronto. Coloque o molho por cima do carré, enfeite com a salsinha picada e sirva em seguida.

Dica do Anonymus: uma boa pedida para acompanhar o espinhaço é uma salada de batata. Minha avó Maria sempre fazia esta receita.

Tempere um quilo de batatas cozidas com sal, pimenta, vinagre e azeite de oliva. Acrescente um abacaxi cortado em cubos. Junte um vidro de palmitos em rodelas. É hora de entrar com um vidro de azeitonas picadas e um molho de salsão em pedaços. Misture tudo. Em outra vasilha, misture um vidro grande de maionese com um pote de iogurte natural. Vá colocando o iogurte e provando até ficar com um leve sabor de maionese. Acrescente o suco de uma lima. Misture bem e coloque o molho na salada. Agora, é a vez de misturar com cuidado para que o molho agregue todos os ingredientes. Sirva com o espinhaço e bom apetite!

Estrogonofe de costela

1 ½ kg de costela bovina cortada em tiras, 2 copos de vinho tinto, 1 copo de suco de laranja, 3 colheres (sopa) de massa de tomate, 1 colher (sopa) de farinha de trigo, 1 cebola cortada em pedaços grandes, 1 tomate cortado em pedaços grandes, 2 copos de caldo de carne, 300g de champignon cortado em fatias, 2 latas ou 2 caixinhas de creme de leite, óleo e sal

1 – Comece cortando a costela nos módulos do osso. Tempere os pedaços com sal.

2 – Esquente uma panela e acrescente umas colheres de óleo. Coloque os pedaços de costela na panela e deixe fritar até dourar todos os lados.

3 – **NO LIQUIDIFICADOR**: bata um pouco do vinho, do suco, a massa de tomate, a cebola, o tomate e a farinha de trigo.

4 – Junte o molho batido no liquidificador à costela que fritou na panela. Adicione o restante do vinho e do suco de laranja e acrescente também o caldo de carne.

5 – Misture e deixe cozinhar em fogo baixo com a panela tampada por uns 40 minutos ou até a carne ficar macia, desgrudando do osso.

6 – Coloque na panela o champignon. Misture.

7 – Desligue o fogo e acrescente o creme de leite. Misture e leve para a mesa o estrogonofe de costela bem quente.

Dica do Anonymus: sirva o estrogonofe de costela com o acompanhamento clássico de todo estrogonofe: arroz e batata palha! Para a batata palha ficar mais crocante, coloque-a em uma frigideira e deixe fritar por uns 5 minutos.

Estrogonofe de peixe

1 kg de peixe, 1 limão, 2 cebolas, 2 tomates, 1 copo de caldo de carne, 1 copo de vinho tinto, 1 colher (sopa) de farinha de trigo, 1 xícara (cafezinho) de ketchup, 250g de champignon, 1 lata de creme de leite, sal

1 – Escolha um peixe que seja firme. Pode ser cabrinha, papa-terra, salmão ou qualquer outro a sua escolha. Corte-o em pedaços médios, como se fossem iscas de peixe. Tempere com suco de limão e sal a gosto. Reserve.

2 – **NO LIQUIDIFICADOR**: bata as cebolas, os tomates, o caldo de carne, a farinha, o ketchup e o vinho. Aproveite para colocar também a água do champignon. Se não couber tudo no liquidificador, faça em duas etapas, ou deixe o vinho para misturar direto na panela.

3 – Despeje o molho batido no liquidificador em uma panela e leve ao fogo até engrossar, o que deve levar, aproximadamente, 30 minutos. Quando o molho estiver pronto, acrescente o peixe e os champignons. Deixe cozinhar até que o peixe fique no ponto.

4 – Desligue o fogo e misture o creme de leite. Sirva em seguida com arroz branco e batata palha.

Dica do Anonymus: Para a batata palha ficar mais crocante, coloque-a em uma frigideira com um fio de óleo e deixe fritar por uns 5 minutos. É uma operação rápida, somente o suficiente para que a batata fique mais saborosa.

ESTROGONOFE DE VEGETAIS

1 litro de caldo de legumes, 250g de cenoura, 250g de mandioquinha, 250g de nabo, 250g de batata, 250g de moranga, 250g de vagem, 250g de chuchu, 250g de abobrinha, 1 litro de leite, 2 colheres (sopa) de farinha de trigo, 1 colher (sopa) de manteiga, 3 colheres (sopa) de massa de tomate, sal

1 – Primeiro, organize os ingredientes. A ideia é utilizar legumes e hortaliças que tenha em casa e que mais goste. Corte tudo em tamanhos parecidos.

2 – Numa panela, coloque o caldo de legumes e os vegetais que demoram mais para cozinhar. Neste caso, a mandioquinha, o nabo, a cenoura e a batata. Com a panela tampada, deixe cozinhar.

3 – **NO LIQUIDIFICADOR**: bata o leite, a farinha e a manteiga. Com os ingredientes bem misturados, coloque tudo em uma panela e, mexendo sempre, deixe engrossar.

4 – Com o molho branco pronto, misture-o aos vegetais. Acrescente a moranga, a vagem, o chuchu e a abobrinha. Adicione a massa de tomate. Mexa bem. Este é o momento também de acertar o sal. Deixe cozinhar por, em média, 20 minutos.

5 – Quando abrir fervura, desligue o fogo e sirva!

Dica do Anonymus: você pode substituir os vegetais. A ideia é ter um estrogonofe colorido e rico em nutrientes. Uma opção para quem não consome carne, mas adora um estrogonofe.

Filé de peixe
com camarões e cogumelos frescos

1 kg de filé de peixe (pode ser linguado, anjo...), 400g de camarão cru, 1 limão, 200g de cogumelos frescos, 1 litro de leite, 2 colheres de farinha de trigo, 50g de manteiga, 300g de queijo (100g de queijo em pedaços e 200g de queijo em fatias), 1 cebola, 1 tablete de caldo de peixe ou camarão, 50g de queijo ralado, sal

1 – Tempere o peixe e os camarões com sal e limão. Deixe-os na geladeira.

2 – **NO LIQUIDIFICADOR**: bata o leite, a farinha de trigo, o caldo de peixe, a cebola em pedaços, a manteiga e o queijo em pedaços. Leve a mistura para uma panela e mexa até engrossar.

3 – Pegue uma forma grande. No fundo, faça uma camada de molho branco.

4 – Por cima, arrume os filés de peixe. Depois entram os camarões e os cogumelos em finas fatias.

5 – Cubra tudo com o restante do molho branco.

6 – Para finalizar, queijo em fatias por cima e a última camada: um toque de queijo ralado.

7 – Leve ao forno preaquecido por, em média, 40 minutos.

Dica do Anonymus: sirva com salada e arroz ou batatas cozidas. Rende 6 porções.

Frango com brócolis

800g de carne de galinha, 400g de queijo fatiado, 400g de peito de peru defumado, 1 molho de brócolis, ½ litro de leite, 1 colher (sopa) de farinha de trigo, 50g de manteiga, pimenta, sal

1 – **NO LIQUIDIFICADOR:** bata o leite, a farinha e a manteiga. Tempere com sal. Leve para uma panela e, mexendo sempre, espere engrossar. Desligue o fogo.

2 – Corte a carne de galinha em pedaços pequenos e tempere-os com sal e pimenta. Arrume-os em um refratário e leve ao forno por 30 minutos.

3 – Retire o excesso de líquido e, por cima da carne, coloque o queijo fatiado e o peito de peru picado.

4 – Entre com o brócolis cortado em pedaços e previamente lavado. Cubra tudo com o molho branco.

5 – Leve o refratário de volta ao forno, preaquecido, por 15 minutos ou até derreter o queijo.

Dica do Anonymus: sirva com arroz branco ou integral. Uma refeição leve e saudável.

Fricassê de forno

½ kg de peito de galinha, 1 tablete de caldo de galinha, 1 cebola, 2 tomates, 1 xícara de palmito, 2 copos de requeijão, 3 ovos, ½ litro de leite, 3 xícaras de farinha de trigo, 1 colher (sopa) de fermento químico, 100g de manteiga, 2 latas de milho, 200g de queijo em fatias, manteiga e farinha de trigo para a forma, água

1 – Comece cozinhando o peito de frango em uma panela com água (suficiente para cobrir a carne) e o tablete de caldo. Deixe cozinhar por uns 40 minutos ou até a carne ficar macia, no ponto para desfiar. Depois de cozido, desfie bem a carne de frango. Reserve.

2 – Misture a cebola e os tomates picados com o palmito cortado em cubinhos e os copos de requeijão. Adicione o frango desfiado, mexa bem e reserve.

3 – **NO LIQUIDIFICADOR**: bata os ovos, o leite, a farinha de trigo, o fermento e a manteiga até formar uma massa.

4 – Chega a hora de montar o fricassê que vai ao forno. Arrume uma forma, pode ser uma redonda grande de fundo removível para facilitar na hora de desenformar, unte-a com manteiga e passe farinha de trigo por cima para deixá-la enfarinhada.

5 – No fundo da forma, faça uma camada com a metade da massa batida no liquidificador. Por cima entra a mistura com o frango desfiado. Depois, espalhe o milho e o queijo em fatias. Para terminar, a outra metade da massa: derrame até cobrir completamente toda a superfície.

6 – Leve ao forno preaquecido por, em média, 40 minutos. Quando dourar a parte superior, estará pronto o fricassê de forno. Desenforme e sirva.

Dica do Anonymus: a receita é simples, mas fica uma delícia, um autêntico fricassê em forma de torta.

Galinha escondida

2 tomates, 1 cebola, 1 copo de vinho tinto, 1 copo de caldo de galinha, 1 colher (sopa) de açúcar, 2 colheres (sopa) de farinha de trigo, 3 colheres (sopa) de massa de tomate, ½ kg de carne de galinha, 1 xícara (cafezinho) de molho de soja, 1 pão para torta fria, fatias de presunto, fatias de queijo

1 – **NO LIQUIDIFICADOR:** bata os tomates e a cebola partidos em pedaços junto com o vinho, o caldo de galinha, o açúcar, a farinha de trigo e a massa de tomate.

2 – Coloque o molho em uma panela e deixe ferver por, no mínimo, 30 minutos, ou até obter um molho bem vermelho.

3 – Enquanto isso, refogue a carne de galinha cortada em pedaços bem pequenos. O menor possível. Refogue em uma panelinha com o molho de soja até dourar e cozinhar completamente a carne.

4 – Chega a hora de esconder a galinha, de montar a torta. Arrume uma das fatias do pão no fundo de um prato ou forma que possa ir ao forno. Em cima entram fatias de queijo e de presunto. Mais uma fatia de pão. Depois, metade do refogado de galinha. Outra fatia. Mais presunto e queijo, pão, o restante do refogado. Finalize com uma fatia de pão e cubra tudo com queijo, inclusive as laterais.

5 – Derrame o molho de tomate por cima o suficiente para cobrir um pouco da torta. Leve ao forno por 20 minutos ou até derreter o queijo. Sirva em seguida.

Dica do Anonymus: você pode variar o cardápio acrescentando outros ingredientes, como ervilhas, milho ou vegetais bem picadinhos. Experimente.

Gratinado de camarão

1 kg de camarão, 1 limão, 1 kg de batata, 2 tomates, 1 cebola, 2 colheres (sopa) de farinha de trigo, 3 colheres (sopa) de massa de tomate, 1 copo de caldo de carne, 1 copo de vinho branco, 1 ovo, 1 colher (sopa) de manteiga, 150g de queijo ralado, 100g de queijo em fatias, 1 colher (sopa) de azeite de oliva, 300g de seleta de legumes, sal

1 – Comece temperando os camarões com suco de limão e sal. Em um outro refratário, deixe alguns separados para enfeitar o prato. Reserve.

2 – **NO LIQUIDIFICADOR**: bata os tomates, a cebola, a farinha, a massa de tomate, o caldo de carne e o vinho. Com os ingredientes bem batidos, leve o molho ao fogo por 30 minutos, em média.

3 – Enquanto isso, prepare um purê. Amasse as batatas previamente cozidas e descascadas. Misture o ovo, a manteiga e o azeite. Acrescente duas colheres (sopa) do queijo ralado e misture bem. Reserve.

4 – Com o molho bem vermelho, acrescente a seleta de legumes e o camarão. Deixe cozinhar por mais 2 minutos, em média, ou até os camarões ficarem corados.

5 – Com o purê e o molho prontos, monte o prato. Se preferir, o gratinado de camarão pode ser servido em pequenas porções. Coloque primeiro o purê e, por cima, o molho com os camarões e a seleta. Cubra com queijo em fatias. Coloque os camarões que foram reservados por cima e cubra tudo com o queijo ralado.

6 – Leve ao forno preaquecido por, em média, 10 minutos. Com o queijo derretido, retire do forno e sirva em seguida.

Dica do Anonymus: é uma receita deliciosa, que vai deixar os convidados maravilhados. Você pode fazer uma porção única para que todos possam se servir ou porções individuais, que servem muito bem como uma substanciosa entrada em uma grande refeição.

Lasanha de pão árabe

200g de linguiça, 700g de carne de galinha, 1 cebola, 2 tomates, 3 colheres de massa de tomate, 1 copo de caldo de galinha, 1 litro de leite, 1 colher (sopa) de farinha de trigo, 1 colher (sopa) de manteiga, fatias de pão árabe, queijo ralado grosso ou em fatias, azeite

1 – Comece preparando um refogado de frango com linguiça. Esquente uma frigideira e, com um pouco de azeite, refogue a linguiça e a carne de galinha bem picadas. Deixe dourar rapidamente.

2 – Acrescente a cebola e os tomates picados, a massa de tomate e o caldo de galinha. Misture e deixe cozinhar por uns 15 minutos ou mais, o tempo de deixar o molho vermelho.

3 – **NO LIQUIDIFICADOR**: bata o leite, a farinha de trigo e a manteiga. Leve a mistura para uma panela e, mexendo sempre, espere engrossar.

4 – Para montar a lasanha, coloque um pouco do refogado de frango no fundo de um refratário. Arrume uma camada de fatias de pão árabe. Por cima entra um pouco do molho branco e o queijo. Mais pão. Acrescente o restante do refogado de frango, outra camada de pão árabe e, para finalizar, o molho branco restante e queijo para cobrir tudo.

5 – Leve ao forno preaquecido por, em média, 10 minutos, o tempo de dourar o queijo. Sirva em seguida.

Dica do Anonymus: experimente preparar a lasanha de pão árabe com um refogado de carne moída turbinado com ovo cozido picadinho e azeitonas. Fica um espetáculo também.

Lasanha de peixe na pimenta

2 tomates, 1 cebola, 3 colheres (sopa) de massa de tomate, 1 copo de vinho tinto, 1 copo de caldo de carne, 50g de manteiga, 1 litro de leite, 2 colheres (sopa) de farinha de trigo, ½ kg de peixe, 1 colher (sopa) de molho de pimenta, 500g de massa para lasanha (que possa ir direto ao forno), 400g de queijo ralado grosso, sal

1 – Escolha um peixe que seja firme. Pode ser cabrinha, papa-terra ou qualquer outro a sua escolha. Corte-o em pedaços pequenos, como se fossem iscas de peixe. Tempere com o molho de pimenta e sal a gosto. Reserve.

2 – É preciso fazer dois molhos: um vermelho e outro branco. Comece pelo vermelho. **NO LIQUIDIFICADOR**: bata os tomates, a cebola, a massa de tomate, o vinho e o caldo de carne. Leve ao fogo e, quando o molho já estiver pronto, acrescente o peixe.

3 – Para o molho branco, bata no liquidificador a manteiga, o leite e a farinha de trigo. Leve ao fogo até engrossar.

4 – Monte a lasanha colocando em um refratário grande uma camada do molho vermelho com o peixe e queijo,

uma de massa, uma de molho branco e queijo. Repita as camadas até preencher o refratário. Leve ao forno por, aproximadamente, 40 minutos. Está pronto!

Dica do Anonymus: para acompanhar, uma saladinha verde que você pode incrementar com um molho feito à base de maionese e iogurte natural, com um toque de azeite e limão. Humm!

Lasanha de Ravióli

250g de linguiça, ½ kg de carne moída, 1 cebola, 2 tomates, 3 colheres (sopa) de massa de tomate, 1 copo de caldo de carne, 1 litro de leite, 3 colheres (sopa) de farinha de trigo, 50g de manteiga, 300g de queijo, 800g de ravióli, água, óleo e sal para a massa

1 – Comece preparando um refogado de carne com linguiça. Esquente uma frigideira e, com um pouco de óleo, refogue a linguiça bem picada. Quando começar a dourar, junte a carne moída. Mexa e deixe a carne dourar também. Agora entram a cebola e os tomates bem picados. Depois, a massa de tomate e uma das colheres de farinha de trigo. Por último, o caldo de carne. Misture e espere o refogado se criar. Ele vai ficar consistente.

2 – Enquanto isso, prepare um molho de queijo. **NO LIQUIDIFICADOR**: bata o leite com duas colheres de farinha, a manteiga e metade do queijo. Leve a mistura para uma panela e, mexendo sempre, espere engrossar.

3 – Coloque bastante água para ferver em uma panela. Quando abrir a fervura, junte um fio de óleo e uma colher (chá) de sal. Ponha o ravióli para cozinhar na água. É rápido. Uns minutinhos e ele estará macio. Escorra a massa e deixe esfriar.

4 – Agora vamos montar a lasanha de ravióli. No fundo de uma forma ou refratário, faça uma leve camada de refogado. Por cima entram os raviólis, metade deles. Separe-os com as mãos para formar a camada. Se eles estiverem frios, fica mais fácil. Por cima dos raviólis, o restante do refogado de carne. Mais uma camada de raviólis e o molho branco por cima. Para finalizar, queijo picado ou em fatias.

5 – Leve ao forno preaquecido por, em média 20 minutos, o tempo de gratinar o queijo. Espere uns minutinhos antes de servir.

Dica do Anonymus: o refogado de carne com linguiça pode ser substituído por frango e bacon, por exemplo. O recheio do ravióli também pode variar, de queijo, carne, legumes. Você decide.

Lasanha de sanduíche

2 linguiças defumadas, ½ kg de carne moída, 1 cebola, 1 tomate, 3 colheres (sopa) de massa de tomate, 1 copo de caldo de carne, 3 colheres (sopa) de farinha de trigo, 1 litro de leite, 1 xícara (cafezinho) de azeite de oliva, fatias de pão de sanduíche, fatias de queijo, fatias de presunto

1 – Comece preparando um refogado de carne. Leve a linguiça bem picada para o fogo em uma frigideira. Junte a carne moída e deixe cozinhar. Entre com a cebola e o tomate picados. Mais uns minutos e é a vez da massa de tomate. Mexa bem e adicione o caldo. Por fim, com tudo bem misturado, acrescente uma colher de farinha de trigo. Misture bem e deixe o refogado se criar.

2 – **NO LIQUIDIFICADOR**: bata o leite, o azeite e 2 colheres de farinha de trigo. Leve a mistura para uma panela e, mexendo sempre, espere engrossar.

3 – Com os dois molhos prontos, monte a lasanha. Faça sanduíches com as fatias de pão, queijo e presunto. A quantidade vai depender do tamanho da forma ou do refratário.

4 – No fundo de um refratário ou forma grande, coloque um pouco do molho branco. Arrume sanduíches até cobrir bem o fundo do refratário, como se fosse a massa da lasanha. Por cima, mais queijo em fatias e o refogado de carne. Espalhe bem. Acrescente mais um pouco do molho branco. Cubra tudo com outros sanduíches. Para finalizar, fatias de queijo e o restante do molho branco.

5 – Leve ao forno até dourar bem, apenas uns minutos. Sirva em seguida.

Dica do Anonymus: você pode variar a lasanha de sanduíche alternando o sabor do recheio. A linguiça pode dar lugar ao bacon, por exemplo. Invente, crie. Um lanche delicioso que pode ser também uma refeição completa!

LASANHA ENROLADA

½ kg de massa fresca para lasanha, 300g de ricota, 2 molhos de espinafre, 6 colheres (sopa) azeite de oliva ou óleo, 2 colheres (sopa) de farinha de trigo, 1 litro de leite, 100g de manteiga, 200g de queijo ralado grosso, 200g de queijo fatiado

1 – Pique 1 dos molhos de espinafre, esmague a ricota e misture os dois ingredientes com o azeite de oliva ou óleo até formar uma pasta. Tempere com sal. Arrume a mistura em cima de uma folha de massa de lasanha e enrole, como um rocambole. Enrole cada uma das folhas de massa de lasanha recheada com essa mistura de ricota e espinafre. Arrume os rolinhos em um refratário que possa ir ao forno. Reserve.

2 – **NO LIQUIDIFICADOR:** bata o leite, a farinha de trigo, a manteiga, o outro molho de espinafre (somente as folhas) e o queijo ralado grosso. Leve ao fogo e, mexendo sempre, deixe o molho engrossar.

3 – Despeje o molho por cima dos rolinhos de lasanha recheados e espalhe o queijo fatiado por cima de tudo. Leve ao forno preaquecido durante o tempo necessário para o cozimento da massa (20 minutos, em média). Está pronto!

Dica do Anonymus: essa é uma maneira diferente para quem deseja uma refeição leve. Agrada também os vegetarianos. Experimente acrescentar outros vegetais, como uma cenoura cozida bem picada. Uma delícia!

Maionese assada

2 xícaras de cenoura cozida e picada, 4 xícaras de batata cozida e picada, 1 xícara de vagem cozida e picada, 1 lata de ervilha, 1 cebola picada, 4 ovos, 1 lata de creme de leite, 2 colheres de maionese, 50g de queijo ralado, sal

1 – Misture a cenoura, a batata, a vagem, a ervilha e a cebola. Tempere com sal. Reserve.

2 – **NO LIQUIDIFICADOR:** bata os ovos, o creme de leite, a maionese e o queijo ralado.

3 – Misture os vegetais com o creme batido no liquidificador. Arrume em um refratário ou forma e leve ao forno médio, preaquecido, por 20 minutos. Sirva quente ou frio.

Dica do Anonymus: a maionese assada é uma ótima opção para variar o cardápio dos acompanhamentos. Experimente servir com o churrasco de domingo.

Macarrão cremoso

500g de macarrão (pode ser fettuccine, espaguete...), 2 colheres (sopa) de farinha de trigo, 100g de queijo, 50g de manteiga, 1 litro de leite, 2 copos de caldo de legumes (pode ser de carne ou de frango)

1 – **NO LIQUIDIFICADOR:** bata o leite, a farinha de trigo, o queijo e a manteiga. Leve a mistura para uma panela e, quando abrir a fervura, mexa sempre até engrossar levemente.

2 – Quando o molho de queijo estiver pronto, acrescente o caldo bem quente. Espere abrir a fervura e coloque o macarrão. Misture com cuidado para não deixar a massa grudar. Ela vai cozinhar no molho de queijo turbinado com o caldo de legumes. Cuide o tempo

de cozimento indicado na embalagem do macarrão. Quando a massa estiver macia, estará pronta. Sirva com o molho que ficou na panela.

Dica do Anonymus: enquanto prepara a massa, faça um salmão para acompanhar. Esquente uma frigideira e espalhe 2 colheres (sopa) de açúcar mascavo no fundo. Quando começar a derreter, entre com meia xícara de molho de soja e em seguida com pedaços de filé de salmão. Deixe 3 minutos de um lado e vire-os. Se você prefere a carne mais crua, deixe menos tempo. Mais passada, mais tempo. Sirva o salmão dourado acompanhado pelo macarrão cremoso. Uma combinação perfeita.

Macarrão picante

50g de bacon, 300g de linguiça, 500g de massa, 1 cebola, 1 pimenta vermelha, 2 tomates, 1 colher (sopa) de farinha de trigo, 3 colheres (sopa) de massa de tomate, 1 copo de caldo de carne, 1 copo de vinho tinto, azeite, água, sal grosso

1 – Em uma frigideira ampla, frite o bacon em um pouco de azeite. Acrescente a linguiça.

2 – Com a linguiça e o bacon fritos, adicione a cebola e a pimenta bem picadas. Deixe fritar.

3 – **NO LIQUIDIFICADOR:** bata a massa de tomate, os tomates, o caldo de carne, a farinha e o vinho. Com todos os ingredientes bem misturados, coloque o molho na frigideira com a linguiça e o bacon. Deixe cozinhar até que o molho engrosse. A ideia é obter um molho bem vermelho e encorpado.

4 – Em uma panela com água fervente, adicione uma colher de sal grosso. Coloque a massa para cozinhar. É necessário o tempo indicado na embalagem. Escorra a massa e sirva com o molho e queijo ralado.

Dica do Anonymus: o macarrão picante é uma delícia. Um prato único para quem aprecia sabores fortes. Experimente dobrar a quantidade de pimenta – para quem gosta, fica na medida.

Macarrão do chefe

½ kg de macarrão (pode ser rigatoni, penne – é melhor uma massa com furo no meio), 400g de camarão cozido, 300g de ervilha, 1 copo de requeijão, 1 cebola, 1 xícara (cafezinho) de azeite de oliva, 1 colher (sopa) de farinha de trigo, 1 litro de leite, 3 copos de caldo de legumes

1 – **NO LIQUIDIFICADOR**: bata a cebola, o leite, o azeite e a farinha de trigo. Leve a mistura para uma panela em fogo baixo e, mexendo sempre, espere o molho engrossar levemente.

2 – Enquanto isso, esquente o caldo de legumes (você pode prepará-lo em casa com vegetais ou dissolver 3 tabletes de caldo de legumes em 3 copos de água). Com o molho branco pronto, junte o caldo fervendo. Misture. Neste molho, você vai cozinhar a massa. Junte a massa e misture. Cuide o tempo indicado na embalagem da massa.

3 – Quando faltar uns minutos para a massa estar cozida, acrescente o requeijão, a ervilha e o camarão, que deve ser daqueles que já estão previamente cozidos (cuide para descongelar antes de colocar na panela). Misture bem. Deixe tudo esquentar e os sabores se agregarem por uns minutos. Não pode ser muito para não passar o ponto do camarão e da massa, apenas o tempo de esquentar bem para servir.

Dica do Anonymus: arrume o macarrão do chefe em uma travessa, enfeite com folhas de manjericão e sirva acompanhado por queijo ralado. Um truque para deixar a massa bem quente é escaldar a travessa com água fervente antes de colocar a massa.

Maminha na cerveja
(com batatas gratinadas)

1 kg de maminha, ½ xícara de molho de soja, 1 lata de cerveja preta, 1 cebola grande, 1 tomate grande, 1 xícara de caldo de carne, 3 colheres (sopa) de massa de tomate, 1 colher (sopa) de farinha de trigo, azeite ou óleo para refogar

1 – Comece temperando a maminha com molho de soja. Deixe um pouco no tempero. Enquanto isso, esquente uma panela grande e coloque um pouco de azeite. Arrume a maminha na panela e deixe fritar bem de um lado e do outro. Acrescente o restante do molho de soja.

2 – Em seguida entra a cerveja preta. **NO LIQUIDIFICADOR**: bata a cebola, o tomate, o caldo de carne, a massa de tomate e uma colher de farinha de trigo. Coloque a mistura na panela e tampe-a.

3 – Deixe cozinhar até que o molho fique escuro e a maminha cozida, 40 minutos, em média. Cuide para não queimar: se preciso, baixe o fogo.

4 – Com o molho bem escuro, retire a maminha da panela. Fatie e arrume em um prato. Cubra com o molho.

Dica do Anonymus: para o cardápio completo, sirva a maminha com batatas gratinadas e arroz branco. Para preparar as batatas gratinadas, lave bem as batatas e corte-as, com a casca, em lascas grossas. Cozinhe-as em água com uma colher de sal por 15 minutos depois que abrir a fervura, o tempo suficiente para amolecer as batatas. Enquanto isso, bata no liquidificador 1 litro de leite, duas colheres (sopa) de farinha de trigo, 100g de manteiga e 100g de queijo ralado. Arrume uma camada de batatas em um refratário grande. Por cima uma camada de molho branco, mais uma camada de batatas, mais molho. Faça quantas camadas desejar. Leve ao forno preaquecido por, em média, 20 minutos ou até gratinar as batatas. Sirva com a maminha e o molho.

Mandioca de luxo

2 kg de mandioca (aipim ou macaxeira), 4 tomates pequenos, 2 cebolas pequenas, 1 tablete de caldo de carne, 3 colheres (sopa) de massa de tomate, 1 kg de linguiças variadas, ½ litro de água, azeite

1 – Comece pela mandioca: limpe-a e descasque-a.

2 – **NO LIQUIDIFICADOR**: bata dois tomates com uma cebola, o tablete de caldo e meio litro de água.

3 – Arrume a mandioca em uma panela e despeje a mistura do liquidificador. Cubra tudo – se preciso, adicione mais água. Leve para o fogo e cozinhe até que a mandioca fique macia. O melhor é usar uma panela de pressão, porque reduz o tempo de cozimento.

4 – Corte as linguiças em pedaços pequenos e leve-os para dourar em uma frigideira com um pouco de azeite. Acrescente uma cebola picadinha, misture e junte dois tomates picados também. Mexa e entre com a massa de tomate. Agora, é preciso deixar o fogo baixo e cozinhar por uns minutos.

5 – Com o refogado pronto e a mandioca cozida, bata no liquidificador uns pedaços de mandioca cozida com a água do cozimento e coloque também um pouco do refogado de linguiça. A ideia é ter um creme meio líquido. Coloque este creme no refogado de linguiças e misture. Deixe uns minutinhos no fogo para ficar tudo bem homogêneo e quente.

6 – Para servir, arrume os pedaços de mandioca cozidos em um prato fundo e cubra tudo com o molho de linguiça.

Dica do Anonymus: a mandioca de luxo pode ser um prato único, mas também vira acompanhamento, de luxo, claro. Uma delícia para servir com um bom feijão.

Massa show

1 ½ kg e meio de carne bovina, 1 tomate, 1 pimentão, 1 cenoura, 1 cebola, 2 tabletes de caldo de carne, 3 colheres de massa de tomate, 2 colheres de farinha de trigo, 1 copo de vinho tinto, ½ xícara de molho de soja, 500g de massa (fusilli ou parafuso), 200g de queijo em fatias, azeite, água, sal

1 – Comece pela carne. Em uma panela de pressão, coloque um pouco de azeite e arrume a carne cortada em pedaços grandes.

2 – Deixe fritar bem por todos os lados. A carne deve ficar dourada.

3 – **NO LIQUIDIFICADOR**: bata o tomate, o pimentão, a cenoura, a cebola, os tabletes de caldo de carne, as colheres de massa de tomate, as colheres de farinha de trigo, o copo de vinho tinto e a meia xícara de molho de soja. Leve a mistura para a panela com a carne já dourada.

4 – Feche bem a panela de pressão. Deixe cozinhar por 30 minutos. Desligue o fogo e espere esfriar.

5 – Retire a carne da panela. Corte-a em pedaços pequenos ou desfie. Volte com a carne picada ou desfiada para a panela.

6 – Coloque bastante água em uma panela para ferver. Quando abrir a fervura, acrescente uma colher (chá) de sal e entre com a massa. Espere cozinhar. Cuide para deixar a massa bem "al dente", porque ela ainda vai ao forno.

7 – Escorra a massa. Chegou a hora de montar o prato. Coloque um pouco do molho no fundo de um refratário. Por cima, entra a massa. Cubra com fatias de queijo. Depois, entra o molho com a carne. Finalize com mais queijo.

8 – Leve ao forno preaquecido por 15 minutos ou até dourar o queijo. Retire e sirva em seguida.

Dica do Anonymus: aproveite na massa show para usar as chamadas carnes de segunda, mas que para mim têm sabor de primeira. Agulha, paleta entram superbem na receita. Dão sabor e, no final, a receita fica bem mais em conta.

Milagre de forno

12 fatias de pão de sanduíche, 3 colheres de mostarda, fatias de queijo, fatias de mortadela, 12 ovos, 2 xícaras de leite, 50g de queijo ralado, margarina para untar, sal

1 – Unte um refratário com margarina e coloque seis fatias de pão de sanduíche. Espalhe mostarda em cada uma das fatias e arrume pedaços de queijo e de mortadela. Por cima, coloque as outras fatias de pão.

2 – **NO LIQUIDIFICADOR**: bata os ovos e o leite, com um toque de sal. Cubra os pães com a mistura e leve à geladeira por, no mínimo, 3 horas. O ideal é ficar de um dia para o outro.

3 – Retire o refratário da geladeira, espalhe o queijo ralado e leve ao forno médio por 30 minutos ou até dourar o queijo. Está pronto!

Dica do Anonymus: o milagre de forno é uma variante de um famoso prato francês. O acompanhamento é simples: salada verde!

Molho branco do Anonymus

1 litro de leite, 2 colheres de farinha de trigo, 100g de manteiga, sal e pimenta moída

1 – **NO LIQUIDIFICADOR:** bata o leite, a manteiga e a farinha de trigo. Leve a mistura para uma panela em fogo baixo, tempere com sal e pimenta e, mexendo sempre, espere engrossar.

2 – Com o molho consistente, sirva em seguida com uma massa ou com a receita de sua preferência.

Dica do Anonymus: o molho branco é base para muitos outros molhos. Você pode acrescentar queijo e transformá-lo em molho de queijo, mostarda e servir como molho de mostarda. A criatividade é o limite.

Molho branco especial (com camarão à Cecília)

½ litro de leite, 1 colher (sopa) de farinha de trigo, 1 colher (sopa) de manteiga, 1 cebola pequena, sal

1 – **NO LIQUIDIFICADOR**: bata o leite, a farinha, a manteiga e a cebola cortada em pedaços. Tempere com sal. Leve a mistura para uma panela no fogo baixo e, mexendo sempre, espere engrossar – cinco minutos, em média. Sirva com massa, carne, frango ou peixe.

Dica do Anonymus: que tal preparar um camarão à Cecília? Uma antiga receita que leva molho branco. Esquente uma frigideira ou panela que tenha tampa. Coloque um pouco de azeite e, em seguida, meio quilo de camarões temperados com suco de limão, um pouco de sal e pimenta. Deixe fritar dos dois lados até ficarem rosados. Cubra os camarões com o molho branco especial e, por cima, entre com 300g de queijo em pedaços. Tampe a panela e deixe derreter o queijo por cinco minutos, mais ou menos.

Molho de atum (com peixe recheado)

1 litro de leite, 2 colheres (sopa) de farinha de trigo, 200g de queijo, 2 latas de atum ralado

1 – **NO LIQUIDIFICADOR**: bata o leite, a farinha de trigo e o queijo picado. Leve a mistura para uma panela e, mexendo sempre, espere engrossar o molho.

2 – Com o molho grosso, desligue o fogo e deixe esfriar um pouco. Acrescente o atum. Misture bem. Sirva com a receita de sua preferência.

Dica do Anonymus: que tal rechear um peixe? Misture um pouco do creme de atum com batata palha. O suficiente para rechear um peixe, que já deve estar limpo e temperado com sal e suco de limão. Feche o peixe com palitos. Arrume-o em uma forma com batatas e cebolas: se forem daquelas pequenas, fica mais legal. Leve para o forno preaquecido por 1 hora e 30 minutos, em média. Quando o peixe dourar e as batatas ficarem macias, está pronto. Retire do forno. Arrume-o em uma travessa e enfeite com mais creme de atum por cima, batata palha e as batatas e cebolas assadas. Sirva em seguida.

Molho de mostarda
(com frango na mostarda)

1 litro de leite, 2 colheres de farinha de trigo, 100g de manteiga, 4 colheres de mostarda, sal

1 – **NO LIQUIDIFICADOR**: bata o leite, a farinha, a manteiga e a mostarda.

2 – Leve a mistura para uma panela com antiaderente e, mexendo sempre, espere engrossar. O molho deve ficar grosso e homogêneo.

3 – Acerte o sal e desligue o fogo. Sirva o molho com carnes ou massa.

Dica do Anonymus: uma boa ideia é carne de frango ao molho de mostarda. Comece esquentando uma frigideira ou panela ampla. Coloque um pouco de azeite e frite bem pedaços de frango – coxas, por exemplo. Doure-as por todos os lados. Tempere com sal.

Acrescente um pouquinho de molho de soja. Agora, é preciso baixar o fogo e ir virando as coxas. Se secar o molho, acrescente um pouco de água. O cozimento é lento. Com as coxas completamente cozidas, remova-as para um refratário. Cubra com fatias de queijo e de presunto. Por cima entra o molho de mostarda. Para finalizar, queijo picado.

Leve para o forno preaquecido por, em média, 15 minutos, o tempo de dourar o queijo. Sirva bem quente com arroz ou massa.

Molho de nata (com bifes cremosos)

½ litro de leite, 1 colher (sopa) de farinha de trigo, 350g de creme de leite fresco ou nata, 1 pitada de sal

1 – **NO LIQUIDIFICADOR:** bata o leite e a farinha de trigo com uma pitada de sal.

2 – Leve tudo para uma panela e, mexendo sempre, deixe o molho engrossar.

3 – Desligue o fogo. Misture o creme de leite fresco (ou nata). Sirva em seguida com uma boa massa ou carne.

Dica do Anonymus: prepare o molho de nata para acompanhar bifes que ficarão cremosos. Tempere bifes com sal. Arrume uma fatia de presunto em cima de cada bife e feche-os, como um sanduíche. Passe os bifes na farinha de trigo, em ovos batidos e na farinha de rosca. Frite os bifes em óleo quente. Em média, 4 minutos de cada lado. Cuide para não queimar a parte de fora e deixar a carne crua por dentro: é preciso fogo baixo. Arrume os bifes em um prato com papel absorvente. Depois, em uma travessa. Cubra os bifes com o molho de nata. Para acompanhar, batatas cozidas. É uma delícia!

Molho de queijo
(com abobrinhas recheadas)

1 litro de leite, 2 colheres (sopa) de farinha de trigo, 200g de queijo mussarela, 1 xícara (cafezinho) de azeite de oliva

1 – **NO LIQUIDIFICADOR:** bata o leite, a farinha de trigo, o azeite e o queijo.

2 – Com os ingredientes bem misturados, leve ao fogo em uma panela, mexendo sempre até engrossar.

3 – Sirva o molho de queijo com uma carne assada ou com uma boa massa.

Dica do Anonymus: uma ideia legal é colocar o molho de queijo para gratinar vegetais. Abobrinhas recheadas, por exemplo. Lave bem 6 abobrinhas redondas. Corte a parte de cima de cada uma delas, como se fosse uma tampa. Retire todas as sementes, deixando as abobrinhas ocas. Em uma frigideira ampla com um pouco de azeite, refogue uma cebola, quatro cenouras e um chuchu previamente picados. Adicione um copo de caldo de legumes. Deixe cozinhar até que tudo fique macio. Misture o refogado com o molho de queijo. Adicione 1 lata de ervilhas e acerte o sal. Mexa bem. Coloque um pouco do molho em cada uma das abobrinhas. Cubra cada uma com fatias de queijo. Por cima entra a tampa. Leve ao forno preaquecido para gratinar o queijo e cozinhar as abobrinhas. Vinte minutos é o bastante. Sirva em seguida.

Molho de tomate do Anonymus
(com massa várias carnes)

1 kg de tomates maduros, 1 colher (sopa) de açúcar, 3 colheres (sopa) de massa de tomate, ½ litro de água, sal

1 – **NO LIQUIDIFICADOR:** bata os tomates com a massa de tomate, o açúcar e meio litro de água.

2 – Leve a mistura para uma panela e, em fogo baixo, deixe cozinhar até ficar um molho bem vermelho. Entre 30 minutos e uma hora. Tempere com sal e sirva.

Dica do Anonymus: que tal preparar uma massa especial? Frite carnes variadas picadas em cubos pequenos: coração, linguiça, carne suína, de galinha e bovina. Com as carnes douradas, junte o molho de tomate do Anonymus. Deixe abrir a fervura. Com o molho fervendo, acrescente a massa de sua preferência. Cuide para não secar muito: se preciso, acrescente mais água para cozinhar a massa no molho. Acerte o sal. Deixe cozinhar até a massa ficar "al dente". Sirva em seguida com queijo ralado.

Molho de Tomate Turbinado

2 tomates maduros, ½ cebola, 1 copo de caldo de carne, 1 copo de vinho tinto, 3 colheres (sopa) de massa de tomate, 2 colheres (sopa) de farinha de trigo

1 – **NO LIQUIDIFICADOR:** bata os tomates e a cebola partidos em pedaços, o caldo, o vinho, a massa de tomate e a farinha de trigo. Leve a mistura para uma panela e deixe ferver, ferver, ferver até engrossar e ficar um molho bem vermelho.

2 – Sirva em seguida para acompanhar uma boa massa ou guarde para outras receitas.

Dica do Anonymus: o segredo do molho de tomate é, além da escolha dos tomates, é claro, o tempo de panela. Quanto mais ferver, mais saboroso ficará. Se preciso, acrescente um pouco mais de água ou vinho.

Molho de vinho
(com costelão banquete)

1 cebola, 1 copo de caldo de carne, 1 copo de suco de laranja, ½ copo de vinho tinto, ½ copo de molho de soja, 1 colher (sopa) de farinha de trigo

1 – **NO LIQUIDIFICADOR**: bata todos os ingredientes.

2 – Em uma panela, leve ao fogo até ficar consistente, o que deve levar, em média, 20 minutos. Sirva com carnes ou massas.

Dica do Anonymus: para aproveitar ainda mais o molho, que tal um banquete fácil para qualquer data, o costelão banquete? Tempere uma costela com sal, pimenta e suco de limão. Arrume em uma forma juntamente com cebolas, cabeças de alho e batatas previamente lavadas e com casca. Leve ao forno preaquecido. Retire a costela do forno, regue com um pouco de molho e leve para assar novamente. Deixe por mais 20 minutos e repita esta operação, mas desta vez virando a costela do outro lado. Deixe assar até que a carne esteja corada. Sirva o costelão com o molho restante, arroz e salada.

Molho gorgonzola
(com bifinhos de frango)

250g de queijo gorgonzola, 1 litro de leite, 100g de manteiga, 2 colheres de farinha de trigo

1 – **NO LIQUIDIFICADOR:** bata o queijo cortado em pedaços, o leite, a manteiga e a farinha de trigo. Leve a mistura para uma panela e, mexendo sempre, espere engrossar levemente. Sirva com massa ou carne.

Dica do Anonymus: que tal servir com bifinhos de frango? Corte um quilo e meio de carne de frango em pedaços médios, os tais bifinhos de frango. Esquente uma frigideira com um pouco de azeite e arrume os pedaços de frango. Deixe dourar dos dois lados. Aos poucos, acrescente um copo de caldo de galinha. Se o caldo já for temperado, cuidado na hora de temperar a carne. Use um pouco de sal e pimenta. Baixe o fogo e deixe a carne cozinhar no caldo, colocando aos poucos, mas sem deixar secar o molho. Com a carne de frango cozida, coloque o molho de gorgonzola. Acerte o sal. Deixe cozinhar por mais 5 minutos para que o molho de queijo pegue o gosto do molho do frango. Sirva com arroz e batata palha.

Molho pesto

1 xícara de nozes, 1 xícara de manjericão, 1 xícara de salsa verde, 4 dentes de alho, 1 xícara de queijo ralado, 2 xícaras de azeite de oliva, 1 colher de orégano

1 – Corte o manjericão em pedaços e pique bem a salsa e as nozes.

2 – **NO LIQUIDIFICADOR:** bata o azeite de oliva, as nozes, o manjericão e a salsa picados, os dentes de alho inteiros, mas sem a casca, o queijo ralado e o orégano.

3 – Deixe bater por uns minutos até formar uma pasta. Sirva com a massa da sua preferência.

Dica do Anonymus: prepare a massa como fazem os italianos. Coloque bastante água em uma panela grande para ferver. Quando abrir a fervura, acrescente uma colher de sal grosso. Misture. Quando abrir a fervura novamente, entra o espaguete. Misture com cuidado e deixe cozinhar o tempo indicado na embalagem. Escorra a massa, arrume-a imediatamente em um prato fundo previamente escaldado com água fervente e cubra com o molho pesto. Misture com cuidado e sirva na hora.

Molho Punta del Este

1 litro de leite, 1 tablete de caldo (de camarão, peixe, galinha), 2 colheres de farinha de trigo, 100g de manteiga, 100g de queijo ralado, 1 kg de camarão pré-cozido, 300g de ervilhas, sal, pimenta

1 – **NO LIQUIDIFICADOR:** bata o leite com o caldo em tablete, a farinha, a manteiga e o queijo ralado.

2 – Leve a mistura para uma panela em fogo baixo e, mexendo sempre, deixe engrossar.

3 – Com o molho branco pronto, coloque o camarão (pode estar congelado, mas tem que ser o pré-cozido) e as ervilhas. Misture. Tempere com sal e um toque de pimenta. São alguns minutos antes de servir.

Dica do Anonymus: a melhor opção para acompanhar o molho Punta del Este é uma massa. Coloque bastante água para ferver. Quando abrir a fervura, entre com uma colher de sal (pode ser sal grosso) e coloque a massa (pode ser rigatoni, fusilli, penne...). Enquanto a massa cozinha, esquente o molho branco. Escorra a massa depois de cozida e coloque-a no molho. Sirva bem quente com um fio de azeite de oliva e parmesão ralado na hora.

Molho puttanesca (com bifinhos)

2 tomates, ½ cebola, 1 copo de caldo de carne, 1 copo de vinho tinto, 3 colheres (sopa) de massa de tomate, 2 colheres (sopa) de farinha de trigo, 2 dentes de alho, 1 lata de anchovas em conserva, 1 xícara (cafezinho) de azeitonas picadas, 1 xícara (cafezinho) de alcaparras, 1 xícara (cafezinho) de salsinha picada

1 – Comece preparando um molho de tomate. **NO LIQUIDIFICADOR:** bata os tomates e a cebola partidos em pedaços, o caldo, o vinho, a massa de tomate e a farinha de trigo. Leve a mistura para uma panela e deixe ferver, ferver, ferver até engrossar e ficar um molho bem vermelho.

2 – Enquanto isso, refogue, em uma frigideirinha, o alho bem picado, as anchovas (com o óleo) cortadas em pedaços, as azeitonas picadas, as alcaparras e, por último, a salsinha picada. Uns minutinhos e estará pronto.

3 – Chega o momento de juntar tudo. Aos poucos, acrescente o molho de tomate ao refogado de anchovas. O suficiente para deixá-lo cremoso. Você regula a quantidade: quanto mais molho de tomate, mais suave o sabor do puttanesca. Uma boa ideia para uma massa ou pizza.

Dica do Anonymus: se quiser inovar, experimente os bifinhos à puttanesca. Esquente bem uma frigideira ampla. Coloque um pouco de óleo e arrume alguns bifes. Frite-os bem de um lado e depois do outro (entre

2 a 4 minutos de cada lado, dependendo do ponto desejado). Cubra os bifes com o molho puttanesca, mais uns minutinhos de fogo baixo e sirva em seguida com uma massa ou arroz para acompanhar.

Molho quatro queijos
(com frango aos quatro queijos)

1 litro de leite, 2 colheres (sopa) de farinha de trigo, 200g de requeijão, 200g de queijo mussarela, 150g de queijo colonial, 150g de queijo parmesão

1 – **NO LIQUIDIFICADOR**: bata o leite, os queijos, o requeijão e a farinha. Bata em duas etapas para que tudo fique bem misturado.

2 – Coloque a mistura de queijo em uma panela e leve ao fogo até que o molho engrosse.

3 – Sirva em seguida com carnes ou massa.

Dica do Anonymus: para acompanhar o molho, em uma panela grande, cozinhe peito de frango em caldo de galinha. Pode ser utilizado o peito de frango congelado. Com o peito de frango cozido, desfie toda a carne e coloque na panela com o molho de queijos. Misture e sirva. Aproveite o caldo de galinha utilizado para cozinhar o frango para fazer um arroz para servir como acompanhamento. Incremente com ervilhas e tomate cereja. Fica uma delícia!

Molho rosé

½ litro de leite, 50g de manteiga, 1 colher (sopa) de farinha de trigo, 2 colheres (sopa) de ketchup

1 – **NO LIQUIDIFICADOR:** bata o leite com a manteiga, a farinha e o ketchup.
2 – Leve a mistura para uma panela e, em fogo baixo, mexendo sempre, espere engrossar. Vai resultar em um belo molho rosé. Desligue o fogo quando estiver na consistência de um creme.

Dica do Anonymus: uma boa opção para servir o molho rosé é com uma massa. Coloque bastante água em uma panela para ferver, com uma colher de sal. Quando estiver fervendo, despeje a massa de sua preferência e deixe cozinhar o tempo da embalagem. Na hora de servir, esquente bem o molho e coloque por cima. Queijo ralado vai bem, ou salsinha picada.

Pizza de cachorro-quente

2 discos de massa pronta para pizza, 6 salsichas, 3 tomates, 1 cebola, 1 copo de caldo de carne, 2 colheres (sopa) de farinha de trigo, 3 colheres (sopa) de massa de tomate, 300g de queijo ralado grosso, 50g de bacon picado, 100g de batata palha, ½ lata de milho, ½ lata de ervilha

1 – **NO LIQUIDIFICADOR:** bata 2 tomates, meia cebola, as duas colheres de farinha de trigo, a massa de tomate e o copo de caldo de carne. Leve a mistura para uma panela, mexendo de vez em quando, e deixe cozinhar em fogo baixo até o molho ficar vermelho e consistente.

2 – Arrume os discos de massa em formas para pizza e leve ao forno até dourar levemente.

3 – Numa frigideira, refogue o bacon picado, a outra metade de cebola cortada em rodelas, as salsichas cortadas também em rodelas, o milho, a ervilha e a batata palha. Uns 10 minutos, o tempo suficiente para dourar a salsicha.

4 – Para montar a pizza, espalhe o molho de tomate em cima de cada disco de massa. Por cima, coloque um pouco de queijo e rodelas de tomate. Depois, entra o refogado de salsichas. Para finalizar, mais queijo.

5 – Leve ao forno preaquecido por 30 minutos ou até derreter bem o queijo.

Dica do Anonymus: se quiser, prepare a massa da pizza em casa. Você vai precisar de meio quilo de farinha de trigo, uma pitada de sal, 2 envelopes de fermento biológico seco instantâneo e meio litro de água morna. Misture a farinha peneirada com o fermento e o sal. Aos poucos, vá colocando a água morna. Misture até a massa ficar homogênea. Se precisar, coloque mais um pouco de farinha até a massa começar a desgrudar das mãos. Arrume a massa em cima da mesa e sove-a bem com a ajuda de mais farinha de trigo para não grudar na mesa e nas mãos. Sove-a bem. Com um rolo, abra a massa. Coloque-a numa forma para pizza e deixe dobrar de tamanho na forma. Cubra com o recheio com a pizza já crescida e leve ao forno, mais ou menos uns 30 minutos.

Porca atolada
(com arroz de biro-biro)

1 kg de costela suína, 1 kg de aipim, 100g de bacon, 1 cebola, 2 tomates, 3 dentes de alho, 1 tablete de caldo de carne, 2 cenouras, água, sal

1 – Comece cozinhando o aipim. Coloque-o em uma panela e cubra com água. Leve para o fogo e deixe cozinhar até que fique macio. Reserve a água.

2 – Esquente uma panela ampla e coloque o bacon picado.

3 – Corte a costelinha em pedaços, nos módulos do osso. Leve os pedaços para a panela junto com o bacon. Deixe dourar por todos os lados. Tempere com sal.

4 – **NO LIQUIDIFICADOR:** bata a cebola, os tomates e as cenouras cortados em pedaços. Junte o tablete de caldo de carne. Agora, o pulo do gato: no lugar de água pura, use a água onde foi cozido o aipim. Coloque o suficiente para girar o liquidificador.

5 – Com as costelinhas bem douradas, acrescente o molho na panela. Adicione os dentes de alho inteiros, mas sem a casca. Misture.

6 – Tampe a panela e deixe cozinhar por 30 minutos. O molho vai ficar amarelado e consistente.

7 – Coloque o aipim cozido na panela. Misture e deixe somente o tempo de esquentar bem o aipim. Sirva em seguida com salsinha picada.

Dica do Anonymus: sirva a porca atolada com um arroz. Se quiser, um arroz incrementado, como o arroz de biro-biro. Coloque 1 xícara de bacon bem picado para refogar em uma panela com óleo. Misture 3 xícaras de arroz já pronto. Bata dois ovos e adicione à panela. Misture novamente. Para terminar, coloque 2 xícaras de batata palha. Sirva em seguida.

POT-POURRI DE PEIXE

600g de peixes variados, 1 limão, 400g de molho de tomate, ½ xícara de ketchup, 2 tomates, 1 cebola, 1 copo de caldo de peixe, 2 colheres de farinha de trigo, ½ copo de cachaça, sal

1 – Corte os peixes em pedaços. Tempere-os com sal e suco de limão. Deixe-os na geladeira.

2 – **NO LIQUIDIFICADOR:** bata o molho de tomate, o ketchup, os tomates, a cebola, o caldo de peixe (você pode dissolver 1 tablete de caldo em 1 copo de água quente), as colheres de farinha de trigo e a cachaça. Leve tudo para uma panela ampla e deixe ferver por, no mínimo, 30 minutos.

3 – Arrume os pedaços de peixe dentro do molho. Acerte o sal e deixe cozinhar em fogo médio por 15 minutos antes de servir.

Dica do Anonymus: sirva o pouporrit de peixe acompanhado por arroz e salada! Uma boa pedida para aproveitar sobras de peixes.

Pudim de linguiça

4 colheres (sopa) de farinha de trigo, 1 litro de leite, 1 colher (sopa) de manteiga, 1 tablete de caldo de galinha, 2 colheres de queijo ralado, 6 ovos, 250g de linguiça

1 – **NO LIQUIDIFICADOR:** bata o leite, a farinha de trigo, a manteiga, o tablete de caldo e o queijo ralado. Leve a mistura para uma panela e, mexendo sempre, deixe engrossar. Retire do fogo e espere esfriar.

2 – Com o molho frio, coloque-o de volta no liquidificador. Junte os ovos e a linguiça, cortada em pedaços. Bata bem. Arrume a massa em uma forma de pudim, com um cone no centro. Unte bem antes de colocar a massa. Leve ao forno preaquecido por, em média, uma hora.

3 – Desenforme o pudim depois de frio. Sirva frio ou quente com um molho de sua preferência.

Dica do Anonymus: para preparar um molho delicioso para o pudim de linguiça, refogue 250g de linguiça picada em uma frigideira. Deixe dourar bem. Adicione uma cebola picada e um tomate, também picado. Misture. Alguns minutos e entram 3 colheres (sopa) de massa de tomate, farinha de trigo e 1 copo de vinho tinto. Junte 1 copo de caldo de carne ao molho, acerte o sal e deixe ferver por 30 minutos. Não deixe secar: se preciso, coloque um pouco de água. Sirva com o pudim de linguiça.

Quiche de salsicha

Para a massa: *1 xícara de maisena, 2 xícaras de farinha de trigo, 100g de margarina, 2 ovos*

Para o recheio: *2 xícaras de leite, 1 colher de maisena, 1 colher de margarina, 4 ovos, 400g de queijo mussarela, 50g de queijo parmesão ralado, 200g de creme de leite, 1 colher de fermento químico, 6 salsichas, 1 xícara de farinha de trigo*

1 – Comece preparando a massa. Coloque a margarina em uma panela e leve ao fogo por 2 minutos, o tempo suficiente para começar a derreter. Desligue. Deixe esfriar.

2 – Peneire a maisena e a farinha de trigo. Misture-as. Junte os ovos e mexa bem. Em seguida entra a margarina, já fria. Misture tudo com uma colher.

3 – Agora é hora de colocar a mão na massa! Com a ponta dos dedos, misture para que fique uma massa uniforme. É bem simples e rápido. Você vai formar uma bola de massa. Deixe-a descansando.

4 – Vamos ao recheio. Pique a salsicha em pedaços pequenos. Misture-os com a xícara de farinha de trigo e reserve.

5 – **NO LIQUIDIFICADOR:** bata o leite, a colher de maisena, a colher de margarina, os 4 ovos, o queijo (que pode ser retalhos, queijo prato em pedaços...), o queijo ralado e o creme de leite. Bata bem até formar um creme.

6 – Junte esse creme do liquidificador às salsichas picadas e misture bem. Logo acrescente o fermento e mexa até estar bem misturado.

7 – Para montar a torta é simples. Unte com margarina uma forma redonda (de preferência com o fundo removível). Em cima da mesa, com um pouco de farinha pra não grudar, abra a massa com a ajuda de um rolo. Coloque a massa aberta na forma e forre primeiro o fundo, bem forrado. Depois, as laterais. Suba o quanto for possível e deixe as pontas da massa irregulares.

8 – Coloque dentro o recheio, espalhe bem e leve ao forno preaquecido, forno médio, por 1 hora. Para não dourar muito, nos últimos minutos você pode cobrir com papel alumínio. Antes de retirar do forno, faça o teste do palitinho para ter certeza de que o interior da quiche está cozido. Retire do forno e deixe-a descansando por 5 minutos antes de desenformar e servir.

Dica do Anonymus: com salsicha, a quiche fica uma delícia. Mas você pode variar o sabor do recheio acrescentando presunto, por exemplo, ou palmito. Invente!

Requeijão do Anonymus
(com pastelzão de salmão)

100g de manteiga, 1 xícara de leite, 300g de ricota

1 – Para preparar o requeijão, leve para uma panelinha a manteiga, o leite e a ricota picada. Deixe dar uma leve derretida na manteiga.

2 – **NO LIQUIDIFICADOR:** coloque a mistura e bata até formar um creme homogêneo.

3 – Arrume em 2 copos e leve para a geladeira. Sirva no próximo café da manhã.

Dica do Anonymus: você também pode aproveitar o requeijão do Anonymus em uma receita. Faça o pastelzão de salmão. Unte uma forma e forre o fundo com massa para lasanha. Arrume pedaços de salmão por cima, cubra bem a massa com o salmão. Depois entram queijos picados. Aí, você escolhe: queijo lanche, gorgonzola, entre outros. Acrescente o requeijão por cima, de forma que toda a superfície tenha requeijão, não é preciso espalhar bem, no forno tudo vai se misturar. Agora, feche o pastelzão com mais massa para lasanha, cobrindo bem as laterais. Pincele uma gema e leve para o forno preaquecido por, em média, 40 minutos, ou até dourar bem o pastelzão de salmão. Sirva em seguida.

Rigatoni na panela

½ kg de rigatoni, ½ kg de carne moída, 100g de bacon, 4 tomates, 1 cebola, 1 pimentão vermelho, 3 colheres (sopa) de massa de tomate, 1 colher (sopa) de farinha de trigo, 2 xícaras de caldo de carne, 1 copo de suco de laranja, 1 copo de vinho tinto, óleo

1 – **NO LIQUIDIFICADOR:** bata o pimentão sem as sementes e cortado em pedaços, o tomate limpo também em pedaços, a cebola cortada em metades, a farinha de trigo, a massa de tomate, o suco de laranja e o vinho.

2 – Leve o bacon já picado para dourar em uma frigideira com um fio de óleo.

3 – Com o bacon dourado, acrescente a carne moída. Deixe dourar levemente.

4 – Coloque o molho batido no liquidificador, mais o caldo de carne na panela. Misture.

5 – Quando abrir a fervura, coloque a massa na panela. Deixe cozinhar até que fique "al dente", mais ou menos o tempo indicado na embalagem. Está pronto. Sirva em seguida com um pouco de salsinha picada e queijo ralado.

Dica do Anonymus: você pode mudar o tipo de massa. Ravióli ou capeletti também entram bem na panela.

Sopa do chefe

Água do cozimento de batatas (1 ½ litro – a ideia é usar a água em que você cozinha 2 quilos de batata, que depois servem para uma maionese, purê...), 2 batatas cozidas (reserve 2 batatas para a sopa), 2 tabletes de caldo de galinha, 1 cebola, 4 ovos, 2 pães (cervejinha, francês...), azeite de oliva

1 – **NO LIQUIDIFICADOR:** comece batendo a cebola, as batatas (podem ser com casca) em pedaços, os tabletes de caldo e a água do cozimento das batatas. A ideia dessa receita é aproveitar a água que sempre vai fora.

2 – Leve a mistura para uma panela e deixe cozinhar por 30 minutos. Enquanto isso, corte os pães em quadradinhos e arrume-os em uma forma. Espalhe um pouco de azeite de oliva por cima e leve ao forno até ficarem dourados.

3 – Com a sopa fervendo, abra os ovos e arrume-os dentro da panela. Eles vão cozinhar no calor da sopa. Sirva em seguida.

Dica do Anonymus: uma dica para servir a sopa do chefe é cobrir o fundo do prato com queijo ralado. Por cima da sopa, salsa picada e, para acompanhar, quadradinhos torrados.

Sopa na moranga

1 moranga, ½ kg de carne bovina com osso (pode ser ossobuco), 1 xícara (cafezinho) de molho de soja, 1 cebola, 1 tomate, 2 cenouras, 1 chuchu, 1 abobrinha, 1 kg de aipim/mandioca, 3 colheres (sopa) de massa de tomate, 1 molho de espinafre, 1 copo de caldo de carne, sal, óleo, água

1 – Comece lavando bem a moranga. Abra uma tampa, na parte superior. A moranga será o recipiente onde a sopa será servida. Guarde a tampa.

2 – Cave o interior da moranga com uma colher para retirar as sementes e um pouco da moranga também. Reserve os pedaços de moranga.

3 – Tempere o interior e as laterais da moranga com sal. Arrume-a em uma forma, tampe com a parte superior retirada e leve ao forno preaquecido por 1 hora, em média. Cuide para a moranga ficar macia por dentro, mas sem se desmanchar.

4 – Enquanto a moranga assa no forno, vamos preparar a sopa. Coloque uma panela de pressão, sem a tampa, no fogo e leve os pedaços de carne com osso para refogar. Deixe fritar um pouco com óleo e acrescente o molho de soja. Quando a carne estiver dourada, acrescente o restante dos ingredientes, todos cortados em pedaços. Primeiro a cebola, depois o tomate, cenouras, chuchu, abobrinha, aipim ou mandioca, as 3 colheres de massa de tomate, as folhas do espinafre e o copo de caldo de carne. Complete com um pouco mais de água e feche a panela de pressão.

5 – Quando começar a pressão, conte 30 minutos em fogo baixo.

6 – Espere sair a pressão e abra a panela.

7 – **NO LIQUIDIFICADOR:** bata tudo, em várias vezes, e vá arrumando em outra panela. Misture. Leve ao fogo para deixar tudo bem quente. Arrume um pouco dentro da moranga e sirva em seguida.

Dica do Anonymus: você pode, na hora de servir, retirar uns pedaços de moranga e repor a quantidade de sopa dentro da moranga quando acabar. Fica uma delícia com queijo ralado e salsinha picada.

Suflê fácil de frango

500g de carne de galinha, 3 colheres (sopa) de massa de tomate, 100g de queijo ralado, 2 xícaras de farinha de trigo, 1 xícara de maisena, 4 ovos, 1 xícara de óleo, 1 colher (sopa) de fermento em pó (químico), 1 xícara de caldo de galinha, 1 xícara de água, sal

1 – O suflê fácil de frango começa pelo frango: em uma frigideira, refogue a carne de galinha com óleo, sal e as três colheres de massa de tomate. Reserve.

2 – **NO LIQUIDIFICADOR:** bata os ovos, a água, o óleo, a farinha de trigo, a maisena, o caldo de galinha e o queijo ralado. Despeje a mistura em um recipiente e coloque o refogado de frango e o fermento. Misture bem.

3 – Coloque a mistura em potinhos ou em uma forma previamente untados com óleo. Leve ao forno por 30 minutos. Sirva quente!

Dica do Anonymus: você pode servir o suflê de frango em uma porção única, como entrada para um grande jantar ou então em um refratário ou forma e ir direto para a mesa como uma refeição mais leve. Acompanhe com salada, que fica perfeito.

SURPRESA SALGADA DE POLVILHO

2 xícaras de polvilho azedo, 4 ovos, ¾ de xícara de óleo, ¼ de xícara de água, 1 pitada de açúcar, 1 pitada de sal, ½ xícara de queijo ralado, 1 colher (sopa) de manteiga

1 – Comece untando a forma, que deve ser, de preferência, redonda e com cone no centro. Unte com a manteiga. Reserve.

2 – **NO LIQUIDIFICADOR:** bata os ovos, o óleo, a água, o açúcar, o sal, o queijo e o polvilho.

3 – Arrume a mistura na forma e leve ao forno preaquecido a 200 graus por 30 minutos. Espere amornar para desenformar.

Dica do Anonymus: a surpresa salgada de polvilho lembra muito aquelas roscas de polvilho de antigamente. Vai super bem do café da manhã ao jantar. No lanche, com um cafezinho preto, então? Que sacrifício!

Tempero para galeto do Anonymus (com galetinho no forno, radite com bacon e polenta)

½ litro de vinho branco, 1 cebola, 1 dente de alho, 1 folha de sálvia, 6 folhinhas de manjerona, ½ limão, sal, pimenta moída, 4 galetos, fatias de bacon, cebolas pequenas, batatas pequenas

1 – **NO LIQUIDIFICADOR:** bata o vinho branco com a cebola em pedaços, o dente de alho, a sálvia, a manjerona, o suco do limão, uma colher (chá) de sal e uma colher (cafezinho) de pimenta.

2 – Despeje a mistura por cima dos galetos e deixe de preferência de um dia para o outro, ou por no mínimo 3 horas.

3 – Retire os galetos do tempero e arrume-os em uma forma com uma fatia de bacon embaixo de cada um e outra fatia de bacon por cima de cada galeto.

4 – Coloque um pouco do tempero, arrume umas batatinhas e umas cebolas com casca e leve ao forno preaquecido. O tempo depende do seu forno, em média 1 hora. Durante o tempo de forno, vire os galetos e acrescente mais tempero para deixar a forma com bastante molho no fundo.

5 – Quando os galetos estiverem prontos, retire-os e sirva com o molho que se formou no fundo da forma.

Dica do Anonymus: para acompanhar o galetinho, que tal uma polenta? Leve uma panela com 2 litros de água, uma colher de sal e outra de azeite para o fogão. Quando esquentar, mas sem ferver, adicione 4 xícaras de farinha de milho grossa. Mexa até dissolver e formar uma mistura uniforme. Baixe o fogo e deixe cozinhar até formar a polenta, mexendo de vez em quando. Retire a polenta da panela, arrume em uma forma e deixe esfriar. Corte-a fria em fatias grossas e leve-as para dourar em uma frigideira bem quente com um pouco de azeite. Deixe dourar dos dois lados. O radite com bacon é bem simples. Doure uns pedacinhos de bacon e despeje por cima de folhas de radicci bem lavadas. Está pronto, um galeto completo!

Torta de frango

Para a massa: *3 ovos, ¾ de xícara de óleo, 2 xícaras de leite, 2 xícaras de farinha de trigo, 1 tablete de caldo de galinha, 1 colher (chá) de fermento químico*

Para o recheio: *1 caixinha de creme de leite, 1 copo de requeijão, 1 ovo, 1 colher (chá) de sal, 3 xícaras de frango cozido e desfiado, 1 cenoura pequena ralada*

Para a cobertura: *150g de queijo picado ou ralado grosso*

1 – **NO LIQUIDIFICADOR:** bata os ovos, o óleo, o leite, a farinha de trigo, o caldo de galinha e o fermento. Arrume a mistura em um recipiente e reserve.

2 – Lave o copo do liquidificador e prepare o recheio. Bata o creme de leite, o requeijão, o sal e o ovo. Retire a mistura do liquidificador e arrume em outro recipiente. Misture os outros ingredientes do recheio: o frango desfiado e a cenoura.

3 – Chega a hora de montar a torta. Em uma forma de fundo removível untada e enfarinhada, arrume no fundo a massa. Por cima, entra o recheio. Cubra tudo com o queijo e leve ao forno preaquecido a 180 graus por, em média, 40 minutos. Se dourar muito o queijo antes de a massa ficar assada, cubra a torta com papel alumínio.

4 – Retire do forno, desenforme e sirva.

Dica do Anonymus: uma delícia com uma salada verde ou para completar uma mesa de festa.

Torta do dia seguinte

1 cebola, 1 tomate, 1 xícara de azeitonas picadas, 2 xícaras de presunto picado, 3 ovos, 2 colheres (sopa) de óleo, 2 xícaras de leite, 4 colheres (sopa) de queijo ralado, 2 colheres (sopa) de manteiga, 2 xícaras de farinha de trigo, 1 colher (sopa) de fermento químico, óleo e farinha para a forma, queijo ralado para polvilhar por cima de tudo

1 – É uma torta com massa e recheio. Bem simples para aproveitar o que sobrou na geladeira. Comece pelo recheio. Leve para uma frigideira o que tiver sobrando, uma cebola bem picada, por exemplo. Deixe a cebola amolecer e entre com o tomate, bem picado também. Agora entram o presunto e as azeitonas, tudo picadinho. Deixe o refogado se criar, o recheio vai ficar bem consistente. Desligue a frigideira e espere esfriar.

2 – Quando o recheio estiver frio, bata **NO LIQUIDIFICADOR:** os ovos, o óleo, o leite, o queijo ralado e a manteiga. Quando estiver tudo bem batido, ainda com o liquidificador ligado, coloque aos poucos a farinha,

às colheradas. Por último entra o fermento. Bata mais um pouco e está pronta a massa.

3 – Coloque a massa em uma tigela e misture o recheio, o refogado, já frio. Misture tudo muito bem.

4 – Unte e enfarinhe uma forma retangular média. Pode ser uma forma baixa. Arrume tudo na forma e, opcionalmente, polvilhe queijo ralado. Leve ao forno médio preaquecido por 40 minutos. Faça o teste do palitinho para ter certeza de que está assado por dentro. A torta ficará ótima quente ou fria. Desenforme e sirva!

Dica do Anonymus: uma variante da torta do dia seguinte é aproveitar sobras de churrasco. Já fizemos na TV a torta de churrasco. Fica mesmo sensacional.

Doces

Ambrosia de forno

1 litro de leite, 4 xícaras de açúcar, 4 cravos, 12 ovos, suco de 1 limão, 1 colher (sopa) de margarina

1 – **NO LIQUIDIFICADOR:** arrume os ovos, um por um, no copo do liquidificador. Adicione um pouco do leite e uma xícara de açúcar. Bata tudo.

2 – Em um recipiente, misture o suco do limão com o restante do leite. Mexa.

3 – Entre com as 3 xícaras restantes de açúcar e a mistura que foi batida no liquidificador. Mexa tudo.

4 – Unte um refratário grande com a margarina e arrume a mistura ali dentro. Por cima, espalhe os cravos.

5 – Leve ao forno preaquecido a 200 graus por 1 hora. Sirva quente ou fria!

Dica do Anonymus: você pode também preparar a ambrosia de laranja no forno. Comece abrindo uma dúzia de ovos, um por um, e arrumando-os no copo do liquidificador. Adicione 1 litro de leite e bata tudo. Em um recipiente, junte a mistura do liquidificador, um copo de suco de laranja e meio quilo de açúcar. Mexa bem. Unte um refratário grande com a manteiga e arrume a mistura ali dentro. Leve ao forno preaquecido a 200 graus por 1 hora. Mexa, com cuidado, por uma ou duas vezes durante o tempo de forno para ajudar a formar os grumos. Sirva quente ou fria!

Bolo de Ameixa

1 colher de fermento químico, 2 xícaras de farinha de trigo, 1 xícara de açúcar, 1 xícara de ameixas pretas sem caroço, 2 ovos, 3 colheres de manteiga, 1 xícara de leite, 1 colher (chá) de essência de baunilha

1 – **NO LIQUIDIFICADOR:** bata os ovos, a manteiga, o leite e a essência. Quando a mistura estiver bem batida, acrescente as ameixas e deixe bater mais um pouco. Não é necessário desmanchar totalmente as ameixas. Apenas o suficiente para que elas fiquem em pedaços. Reserve.

2 – Misture a farinha de trigo com o fermento e o açúcar.

3 – Junte a mistura do liquidificador com a mistura de farinha. Mexa bem até formar uma massa uniforme.

4 – Unte e enfarinhe uma forma redonda com cone no centro. Arrume a massa dentro e leve ao forno preaquecido por 45 minutos ou até dourar por fora e cozinhar por dentro. Espere amornar para desenformar.

Dica do Anonymus: para enfeitar e dar um sabor a mais, a dica é polvilhar por cima do bolo açúcar misturado com canela em pó.

Bolo brasileiro

1 molho de agrião, 5 ovos, ½ xícara de óleo, 1 xícara de iogurte natural, 3 ½ xícaras de farinha de trigo, 2 xícaras de açúcar, 1 colher (sopa) de fermento químico, ½ xícara de aveia em flocos, 1 colher (chá) de gengibre ralado

1 – **NO LIQUIDIFICADOR:** bata o óleo com os ovos, o iogurte e o molho de agrião. Reserve.

2 – Peneire a farinha de trigo com as 2 xícaras de açúcar e o fermento químico. Junte a aveia e o gengibre. Misture bem.

3 – Agora junte tudo, os ingredientes secos à mistura do liquidificador. Mexa até obter uma massa uniforme.

4 – Arrume a massa em uma forma redonda, grande e com cone no centro, previamente untada e enfarinhada. Leve ao forno médio preaquecido por 40 minutos. Retire do forno depois de completamente assado e espere amornar para desenformar.

Dica do Anonymus: prepare uma calda para a cobertura. Deixe 200g de damascos secos picados de molho em meia xícara de água por 1 hora. Após, coloque tudo em uma panela com 1 xícara de açúcar. Mexendo sempre espere a água evaporar e formar um creme de damascos. Uns 15 minutos em fogo baixo. Arrume a calda em cima do bolo e sirva!

BOLO CASADINHO

3 xícaras de farinha de trigo, 3 ovos, 3 colheres de manteiga, 2 ½ xícaras de leite morno, 1 xícara de açúcar, ½ xícara de chocolate em pó, 1 colher de fermento químico

1 – **NO LIQUIDIFICADOR:** bata os ovos, a manteiga e o leite morno.

2 – Peneire a farinha, o açúcar e o fermento.

3 – Misture a farinha, o açúcar e o fermento. Aos poucos, vá acrescentando a mistura do liquidificador. Mexa bem a massa até ficar lisa e uniforme.

4 – Unte com manteiga uma forma redonda com cone no meio. Passe farinha de trigo por toda ela para deixá-la enfarinhada. Distribua metade da massa no fundo da forma.

5 – No restante da massa, misture o chocolate em pó peneirado. Coloque a massa com o chocolate por cima da massa branca.

6 – Leve ao forno preaquecido por, em média, 35 minutos. Espere amornar. Desenforme e sirva com a cobertura da sua preferência.

Dica do Anonymus: prepare uma cobertura de chocolate. Misture em uma panelinha 3 colheres (sopa) de chocolate em pó, 2 colheres (sopa) de açúcar, 1 colher (sopa) de manteiga e 3 colheres (sopa) de leite. Leve ao fogo, mexendo sempre, até ficar tudo bem misturado. Espalhe a cobertura, ainda quente, em cima do bolo e sirva!

BOLO DE CAFÉ

4 xícaras de farinha de trigo, 1 colher (sopa) de fermento químico, 4 ovos, 1 ½ xícara de café preto passado e sem açúcar, 4 colheres (sopa) de leite em pó, 3 colheres (sopa) de margarina, 2 xícaras de açúcar, manteiga e farinha para a forma, açúcar de confeiteiro para enfeitar

1 – **NO LIQUIDIFICADOR:** bata os ovos, o café passado, já morno, o leite em pó, a margarina e o açúcar.

2 – Peneire a farinha de trigo com o fermento. Reserve.

3 – Junte a mistura do liquidificador à farinha com fermento. Mexa até obter uma massa homogênea.

4 – Unte e enfarinhe uma forma com cone no centro. Arrume a massa ali dentro e leve ao forno preaquecido, médio, por 45 minutos.

5 – Espere esfriar para desenformar.

Dica do Anonymus: enfeite com açúcar de confeiteiro peneirado por cima do bolo de café.

BOLO DE FUBÁ

2 xícaras de açúcar, 3 ovos, 1 ½ xícara de farinha de milho média, 1 ½ xícara de leite, ½ xícara de óleo, 2 xícaras de farinha de trigo, 1 colher (sopa) de fermento químico, manteiga ou margarina para untar, farinha de milho para a forma, açúcar misturado com canela em pó para a cobertura

1 – **NO LIQUIDIFICADOR:** bata o açúcar, os ovos, a farinha de milho, o leite e o óleo.

2 – Peneire a farinha de trigo com o fermento e junte com a mistura do liquidificador. Mexa até obter uma massa lisa e homogênea.

3 – Arrume a massa em uma forma redonda com cone no meio, previamente untada com manteiga ou margarina e enfarinhada com a farinha de milho. Leve ao forno preaquecido a 180 graus por 45 minutos.

4 – Quando estiver assado, retire o bolo do forno, espere esfriar e desenforme.

Dica do Anonymus: enfeite com açúcar misturado com canela antes de servir, dá um toque especial ao visual e ao sabor do bolo de fubá.

Bolo essência

2 colheres de essência de abacaxi, 1 xícara de açúcar, 1 xícara de leite, 1 colher (sopa) de fermento químico, 1 xícara de farinha de trigo, 1 xícara de maisena, 1 colher de manteiga, 4 ovos

1 – **NO LIQUIDIFICADOR:** bata o leite, o açúcar, a manteiga, os ovos e a essência de abacaxi. Reserve.

2 – Misture os ingredientes secos, passando-os antes por uma peneira: a farinha de trigo, a maisena e o fermento.

3 – Misture os ingredientes secos com os batidos no liquidificador. Arrume a mistura em uma forma redonda, untada com manteiga e enfarinhada com um pouco de farinha de trigo.

4 – Leve ao forno preaquecido por 30 minutos ou até estar completamente assado o bolo. Espere esfriar e desenforme.

Dica do Anonymus: para enfeitar e dar um sabor a mais, a dica é servir o bolo acompanhado por fatias de abacaxi e cerejas em calda.

Bolo natural de maçã

2 xícaras de açúcar mascavo, 2 xícaras de farinha de trigo integral, 1 xícara de farinha de trigo, ½ xícara de castanhas-do-pará, ½ xícara de nozes, ½ xícara de passas de uva, 3 maçãs, 1 colher (chá) de canela em pó, 1 colher (sobremesa) de bicarbonato de sódio, 1 colher (chá) de cravo moído, 4 ovos, 1 xícara de iogurte natural, ½ xícara de óleo

1 – **NO LIQUIDIFICADOR:** bata os ovos, o iogurte e o óleo.

2 – Peneire o açúcar mascavo, a farinha de trigo integral, a farinha de trigo. Junte as castanhas-do-pará e as nozes bem picadas. Entre também com as passas de uva, as maçãs descascadas e picadinhas, a canela em pó, o bicarbonato de sódio e o cravo moído. Misture tudo.

3 – Junte essa mistura com os ingredientes batidos no liquidificador. Mexa bem até formar uma massa homogênea.

4 – Arrume em uma forma retangular untada e enfarinhada e leve ao forno preaquecido por, em média, 40 minutos.

5 – Espere esfriar e desenforme.

Dica do Anonymus: enfeite com açúcar de confeiteiro e cerejas. Sirva!

Castelinho de panquecas

2 colheres (sopa) de açúcar, 1 ovo, 1 colher (cafezinho) de sal, 1 ½ xícara de leite, 2 colheres (sopa) de óleo, 1 xícara de farinha de trigo, 1 colher (cafezinho) de essência de baunilha, 5 colheres (sopa) de achocolatado em pó, 1 lata de leite condensado, 1 ½ colher (sopa) de margarina, 2 colheres (sopa) de creme de leite, 1 xícara de morangos em fatias, 1 xícara de açúcar de confeiteiro, manteiga ou margarina para untar a frigideira

1 – **NO LIQUIDIFICADOR:** bata a massa da panqueca, uma minipanqueca, no liquidificador – entra o açúcar, o ovo, a colherinha de sal, o leite, o óleo, a farinha de trigo e a essência de baunilha.

2 – Unte com manteiga ou margarina uma frigideira pequena. Coloque uma concha pequena de massa e espalhe por toda a frigideira. Leve ao fogo baixo até dourar de um lado. Vire e deixe dourar do outro lado também. Faça quantas panquecas desejar. A massa rende em média 12 panquequinhas.

3 – Agora, prepare o recheio do castelinho. Misture em uma panela o achocolatado, o leite condensado e a margarina. Leve ao fogo e, mexendo sempre, espere engrossar. É o ponto de brigadeiro, quando desgruda da panela.

4 – Espere o creme de chocolate amornar. Acrescente o creme de leite e misture bem: isso vai deixar o creme mais cremoso.

5 – Para montar o castelinho, arrume uma panqueca em um prato. Por cima, espalhe uma camada de creme de

chocolate, uma fina camada que cubra toda a panquequinha. Por cima, espalhe as fatias de morango. Cubra com outra panquequinha. Mais uma camada de creme de chocolate e outra de morangos. Faça quantas camadas desejar. Umas quatro ou cinco camadas são ideais. Para finalizar, peneire açúcar de confeiteiro por cima e enfeite com morangos fatiados. Sirva em seguida.

Dica do Anonymus: se quiser dar mais um toque, junte uma bola de sorvete de creme para ficar ainda mais saboroso o castelinho de panquecas.

CUCA ALEMÃ DE CHOCOLATE

Para a massa: *2 ovos, 2 xícaras de leite, 4 colheres (sopa) de açúcar, ½ xícara de óleo, 15g de fermento biológico fresco, 1 pitada de sal, 4 xícaras de farinha de trigo*

Para a cobertura: *½ xícara de farinha de trigo, ½ xícara de açúcar, 1 colher (sopa) de maisena, 1 colher (sopa) de canela em pó, 2 colheres (sopa) de margarina, 1 barra de chocolate*

1 – **NO LIQUIDIFICADOR:** bata parte da massa no liquidificador. Entram os ovos, o leite, o açúcar, o óleo, o fermento e o sal. Agora, fora do liquidificador,

junte a mistura do liquidificador à farinha de trigo. É preciso mexer bem, com força, até deixar a massa bem homogênea. Alguns minutos, não é difícil. Só exige um pouco de energia.

2 – Arrume a massa em uma forma retangular previamente untada e enfarinhada com farinha de trigo. Cubra com um pano de prato e deixe descansar por 40 minutos para a massa crescer, dobrar de tamanho.

3 – Enquanto isso, misture os ingredientes da cobertura, menos o chocolate: a farinha de trigo, o açúcar, a maisena, a canela e a margarina. Com as mãos, mexa até formar a farofa, uma massa tipo uma farofa.

4 – Com a massa crescida, espalhe o chocolate bem picado por cima e cubra tudo com a farofa. Leve ao forno preaquecido por, em média, 40 minutos. A cuca vai assar, o chocolate vai derreter e tudo junto fica uma delícia. Espere amornar e desenforme.

Dica do Anonymus: é uma boa receita para aproveitar aquele chocolate que já está fazendo aniversário no armário ou as sobras de datas especiais, como a Páscoa.

DOCE DE GOIABADA

400g de goiabada, 1 lata de creme de leite com soro (ou 2 caixinhas de creme de leite)

1 – Corte a goiabada em pedaços e leve ao fogo em uma panelinha para derretê-la.

2 – **NO LIQUIDIFICADOR:** bata o creme de leite com a goiabada levemente derretida. Bata bem até formar uma mistura homogênea.

3 – Despeje todo o doce em um refratário ou em potinhos e leve à geladeira por, no mínimo, duas horas.

Dica do Anonymus: para servir, a ideia é dar mais sabor de goiabada. Faça uma calda com 400g de goiabada. Adicione meia xícara de água para deixar a calda mais líquida. Está pronto! Sirva o doce gelado coberto pela calda quente. Fica uma delícia!

Estrelinhas de milho

5 espigas de milho, 3 ovos, 1 xícara de leite morno, 2 xícaras de açúcar, 2 colheres (sopa) de manteiga, 3 colheres (sopa) de farinha de trigo, 1 envelope de fermento químico

1 – Comece retirando os grãos de milho das espigas.

2 – **NO LIQUIDIFICADOR:** bata os grãos de milho com os ovos, o leite, o açúcar e a manteiga.

3 – Misture o creme retirado do liquidificador com a farinha e o fermento. Quando a massa estiver homogênea, distribua em forminhas de alumínio previamente untadas com manteiga e enfarinhadas com farinha de trigo.

4 – Arrume as forminhas dentro de uma forma grande e leve ao forno por, em média, 30 minutos.

Dica do Anonymus: experimente enfeitar as estrelinhas depois de prontas com uma calda feita com açúcar de confeiteiro e suco de laranja. Deixe bem consistente e enfeite cada bolachinha. Fica um toque diferente e delicioso.

Gelado e geladinho de doce de leite

1 lata de creme de leite, 300g de doce de leite, 5 colheres (sopa) de chocolate em pó, 1 xícara de leite, 1 sachê de gelatina sem sabor, 5 colheres (sopa) de água, 100g de chocolate granulado

1 – É uma sobremesa gelada bem fácil de preparar. O Anonymus prepara o gelado de doce de leite e o Alarico, o geladinho. Mas os ingredientes são os mesmos, e o modo de preparo é igual. O que muda é a maneira de servir. Tudo vai para o liquidificador. **NO LIQUIDIFICADOR:** bata o creme de leite, o doce de leite, o chocolate em pó e o leite.

2 – Agora, é preciso dissolver a gelatina. Misture em uma panelinha a gelatina com as cinco colheres de água. Leve ao fogo em banho-maria (a panela com a gelatina dentro de outra panela maior com água), mexendo sempre para que a gelatina se dissolva bem.

3 – No liquidificador, junte a gelatina dissolvida aos demais ingredientes. Bata bem.

4 – Agora, é a hora de decidir se você quer o gelado ou o geladinho. Para preparar o gelado de doce de leite, despeje a mistura em uma forma de pudim molhada com água, de preferência uma forma com antiaderente. Se você quiser preparar o geladinho de doce de leite, então arrume a mistura do liquidificador em pequenos potinhos ou tacinhas de plástico.

5 – Leve para a geladeira por, no mínimo, 3 horas. No freezer vai mais rápido. A ideia é deixar bem gelado mesmo. O gelado você pode desenformar depois de

bem gelado. Enfeite com o chocolate granulado. Os geladinhos você pode enfeitar e servir nos potinhos mesmo.

Dica do Anonymus: bem legal é enfeitar os potinhos de geladinhos com granulados coloridos. Fica divertido e diferente! Pode render até para a próxima festa de aniversário!

Manjar de coco

1 lata de leite condensado, 1 lata de creme de leite, 200ml de leite de coco, 12g de gelatina em pó, 5 colheres de água

1 – Dissolva a gelatina com a água, aquecendo sem deixar ferver, apenas para que fique líquida e homogênea.

2 – **NO LIQUIDIFICADOR:** bata o creme de leite, o leite condensado, a gelatina dissolvida e o leite de coco.

3 – Despeje a mistura do liquidificador em uma forma de plástico pequena, mas antes deixe-a bem molhada. Leve à geladeira por 3 horas ou até que a mistura fique sólida.

4 – Desenforme o manjar e sirva em seguida.

Dica do Anonymus: bata uma lata de pêssegos com a calda no liquidificador. Arrume em um pote e leve para a geladeira para deixar bem gelado. Arrume essa calda em cima do manjar de coco para dar mais sabor e cor.

Musse de banana

6 bananas, 1 lata de leite condensado, 1 lata de creme de leite sem soro, ½ xícara de água, 1 envelope de gelatina sem sabor

1 – Em uma panela pequena, dissolva a gelatina na água. Deixe descansar. Quando a gelatina absorver toda a água, leve a panela ao fogo para que a gelatina fique bem dissolvida. Mas cuidado para não ferver.

2 – **NO LIQUIDIFICADOR:** bata as bananas, o leite condensado, o creme de leite e a gelatina dissolvida. Com a mistura bem batida, coloque-a em um refratário ou em taças para sobremesa. Leve à geladeira por, no mínimo, 3 horas antes de servir.

Dica do Anonymus: para dar um toque especial, prepare uma calda. Derreta 2 colheres (sopa) de manteiga em uma panela pequena em fogo baixo. Enquanto isso, corte 2 bananas em rodelas e coloque-as em outra panela pequena. Polvilhe uma pitada de canela em pó por cima e adicione 1 colher (sopa) de conhaque. Leve a panela ao fogo e espere alguns minutinhos, mas cuidado para a banana não amaciar demais. Entre com meia xícara de açúcar mascavo na panela com a manteiga derretida. Misture bem. Junte o conteúdo das duas panelas. Com o fogo ainda ligado, misture bem até a calda engrossar. Desligue o fogo e deixe esfriar. Sirva a musse com a calda por cima. Fica uma delícia!

Ovos moles de liquidificador (com merengada cremosa)

2 xícaras de açúcar, 12 gemas, 1 xícara de água

1 – **NO LIQUIDIFICADOR:** arrume uma peneira em cima do copo do liquidificador. Passe as 12 gemas pela peneira.

2 – Retire a peneira. Acrescente o açúcar e mais 1 xícara de água.

3 – Bata bem. Coloque a mistura em uma panela em fogo baixo e, mexendo sempre, espere engrossar. Quando engrossar, retire do fogo.

4 – Deixe esfriar e leve para a geladeira por uns 30 minutos ou até ficar gelado.

Dica do Anonymus: sirva os ovos moles acompanhados por uma merengada cremosa. Misture em uma panela 6 claras com 3 xícaras de açúcar. Leve para o fogo, mexendo sempre, por um minuto, o tempo de você colocar um pouco na mão e sentir que está quente. Retire do fogo e coloque na batedeira. Bata por 5 minutos na velocidade máxima. A merengada vai ficar cremosa. Arrume em um prato ou pote de vidro, cubra com o doce de ovos e sirva.

Panquecas doces

1 xícara de farinha de trigo, 1 ½ xícara de leite, 2 colheres (sopa) de óleo, 1 ovo, 1 colher (chá) de essência de baunilha, 2 colheres (chá) de açúcar, 1 colher (café) de sal, manteiga para untar a frigideira

1 – **NO LIQUIDIFICADOR:** bata todos os ingredientes.

2 – Leve uma frigideira previamente untada ao fogo. No centro da frigideira, coloque uma concha da massa e vá girando, para que a massa se espalhe por todo o fundo

da frigideira. À medida que a massa for cozinhando, ela vai soltando da frigideira. Quando toda a panqueca soltar, é hora de virá-la. Deixe dourar dos dois lados. Faça este procedimento até que termine a massa.

3 – Sirva as panquecas com geleia ou com o recheio que preferir.

Dica do Anonymus: sugestões de recheios. Que tal uma Romeu e Julieta? Use goiabada e queijo. Pode ser feita também de goiabada e requeijão e queijo e doce de leite. É hora de criar, experimentar diferentes recheios: chocolate ao leite, chocolate branco, mel, geleia...

Com todas as panquecas recheadas, leve ao forno preaquecido por 10 minutos, o suficiente para derreter o chocolate e o queijo e esquentar as panquecas. Sirva em seguida. É uma ótima dica para sobremesa, café da manhã ou café da tarde.

Panquecas tropicais

Para a massa: *1 ½ xícara de leite, 2 colheres (sopa) de açúcar, 1 xícara de farinha de trigo, 1 colher (chá) de sal, 2 colheres (sopa) de óleo, 1 ovo, 1 colher (chá) de essência de baunilha*

Para o recheio: *½ litro de suco de laranja, 400g de abacaxi em calda, 400g de pêssego em calda, 1 manga, 3 colheres (sopa) de açúcar, 1 colher (sopa) de maisena, 1 colher (chá) de canela em pó, 1 maçã*

1 – **NO LIQUIDIFICADOR:** comece pela massa. Bata todos os ingredientes no liquidificador.

2 – Agora, vamos fazer as panquecas. Unte com óleo uma frigideira e esquente-a. Pegue com uma concha ou colher grande um pouco da massa e arrume na frigideira. Leve ao fogo baixo, cuidando para não queimar. Espere dourar levemente de um lado e, com ajuda de uma espátula ou colher, vire a panqueca para dourar do outro lado. Retire a panqueca da frigideira e arrume-a em um prato. Prepare o número de panquecas que desejar, a massa rende de 10 a 15 porções.

3 – Com as panquecas prontas, prepare o recheio. Dissolva a maisena em uma xícara do suco de laranja. Agora, junte o restante do suco com o açúcar e a maisena dissolvida. Leve tudo ao fogo e, mexendo sempre, espere engrossar levemente. Acrescente as frutas bem picadas e espere abrir a fervura – não é preciso cozinhar muito as frutas, um pouco de calor apenas. Desligue o fogo e deixe esfriar um pouco.

4 – Para montar as panquecas tropicais, arrume um pouco do recheio de frutas em cima de cada panqueca. Feche-as e, por cima, derrame um pouco da calda de laranja, um toque da canela em pó e sirva.

Dica do Anonymus: sozinhas, as panquecas são uma delícia. Mas para dar um toque especial e chique, sirva as panquecas bem quentes com uma bola de sorvete de creme.

Pizza de doce de leite

2 xícaras de farinha de trigo, 2 xícaras de leite, 3 ovos, 50g de queijo ralado, 400g de doce de leite, 1 colher (sopa) de açúcar, 1 colher (sopa) de fermento químico, ½ xícara de óleo

1 – **NO LIQUIDIFICADOR:** bata a farinha, o leite, os ovos, o açúcar, o fermento, o óleo e parte do queijo ralado para fazer a massa da pizza.

2 – Com a massa bem misturada, coloque em uma forma de fundo removível previamente untada e enfarinhada.

3 – Coloque colheradas do doce de leite por cima e leve ao forno preaquecido por 20 minutos.

4 – Retire a pizza do forno e, por cima, coloque mais um pouco do doce de leite. Polvilhe com o restante do queijo ralado. Leve novamente ao forno. Asse por mais 20 minutos e está pronto: é só desenformar e servir!

Dica do Anonymus: a pizza de doce de leite entra superbem no lanche da criançada ou então como uma sobremesa fina. Sirva a pizza ainda quente com uma bola de sorvete de creme e uma colherada extra de doce de leite. Uma delícia.

Potinhos cremosos

½ litro de leite, 2 envelopes de pó para flan (pode ser de chocolate ou baunilha, o sabor que você preferir), 1 caixinha de leite condensado, 1 caixinha de creme de leite, 2 colheres (sopa) de chocolate em pó (só para o potinho de chocolate)

1 – Misture o leite com o pó para flan em uma panela fora do fogo. Leve para o fogo depois de bem misturado e, mexendo sempre, espere ferver e engrossar levemente. Desligue o fogo e deixe esfriar. Leve para a geladeira até ficar bem consistente.

2 – **NO LIQUIDIFICADOR:** coloque o flan em pedaços no liquidificador. Junte o leite condensado e o creme

de leite. Atenção: se você preparar o flan de chocolate, junte as duas colheres de chocolate em pó para deixar o potinho ainda mais saboroso. Bata pouco, o suficiente para misturar tudo. O ideal é fazer no modo pulsar do liquidificador. Misturou, desligou.

3 – Arrume a mistura em potinhos de plástico e leve-os para a geladeira por 3 horas, em média. O ideal é servir quando eles ficarem bem consistentes e bem gelados.

Dica do Anonymus: se você preparou o potinho de chocolate, experimente também o de baunilha. O ideal é preparar os dois e servir juntos. A combinação do chocolate com a baunilha fica deliciosa.

Pudim cara de bolo

Para o pudim: *4 ovos, 1 lata de leite condensado, 1 xícara de leite*

Para a calda: *1 xícara de açúcar, 1 colher de chocolate em pó*

Para o bolo: *3 ovos, 100g de margarina, 1 xícara de açúcar, 1 ½ xícara de farinha de trigo, ½ xícara de chocolate em pó, 1 xícara de leite, 1 colher de fermento químico*

1 – Primeiro de tudo, é preciso caramelar a forma, de preferência redonda que tenha um cone, uma forma para pudim. Coloque o açúcar dentro da forma e leve para o fogo baixo até derreter o açúcar e deixá-lo com cor de caramelo. Coloque o chocolate em pó e misture. Espalhe o caramelo, agora com cor de chocolate, por toda a forma, inclusive no cone.

2 – **NO LIQUIDIFICADOR:** bata os ingredientes do pudim no liquidificador e leve para a forma já caramelada.

3 – Bata também no liquidificador os ingredientes do bolo e coloque na forma, em cima do pudim.

4 – Leve ao forno preaquecido, mas em banho-maria. Coloque a forma dentro de uma assadeira com água.

5 – Deixe no forno por aproximadamente 40 minutos.

6 – Espere esfriar para desenformar. Fica um espetáculo!

Dica do Anonymus: essa é daquelas receitas que servem para várias ocasiões. Pode ser um bolo, um lanche da tarde ou então uma sobremesa bem consistente. Um pudim reforçado que pode ir para a mesa junto com sorvete. Humm...

Pudim de doce de leite

1 copo de açúcar, 3 copos de leite, 800g de doce de leite, 8 ovos

1 – Coloque o açúcar dentro de uma forma para pudim, aquelas com um cone no centro. Leve ao fogo forte, cuidando para derreter, mas não queimar o açúcar. Quando estiver na cor de caramelo e totalmente derretido, desligue o fogo. Espalhe o caramelo pelas laterais e pelo cone. Pronto. A forma está caramelizada.

2 – **NO LIQUIDIFICADOR:** bata o leite, o doce de leite e os ovos (claras e gemas).

3 – Arrume a mistura na forma caramelizada e tampe.

4 – Coloque a forma de pudim dentro de uma panela com água. Quando a água começar a ferver, conte uma hora, sempre em fogo médio para alto. Cuide para não secar a água: se preciso, acrescente mais.

5 – Desligue o fogo. Deixe esfriar um pouco e leve a forma para a geladeira. Quando estiver gelada, desenforme. Se quiser, coloque um pouco de água na forma vazia e leve ao fogo para soltar o restante do caramelo. Sirva a calda extra junto com o pudim, que deve estar gelado.

Dica do Anonymus: essa receita é ótima para variar o sabor do pudim. Uma boa dica é escolher um doce de leite de confiança. A diferença vai estar na hora do sacrifício. Experimente!

Pudim de Goiabada

1 copo de leite, 1 lata de leite condensado, 400g de geleia ou doce de goiaba, 6 ovos, 50g de queijo ralado, 1 ½ xícara de açúcar

1 – Comece preparando uma calda na forma de pudim. Arrume o açúcar na forma e leve para o fogo baixo. Quando começar a derreter, misture delicadamente. O açúcar vai se transformar em caramelo. Desligue o fogo e espalhe por toda a forma com a ajuda de uma colher. Reserve.

2 – **NO LIQUIDIFICADOR:** bata o leite, o leite condensado, a geleia de goiaba, os ovos e o queijo ralado.

3 – Arrume a mistura na forma caramelada. Feche-a.

4 – Encha com água uma panela maior e coloque a forma de pudim tampada ali dentro. Leve ao fogo. Quando abrir a fervura, conte 40 minutos. Se a água secar, acrescente mais.

5 – Espere esfriar para desenformar. A calda que restar na forma poderá ser usada. É só adicionar um pouco de água e levar a forma ao fogo. Quando derreter, sirva a calda extra junto com o pudim, que poderá ser servido gelado ou não.

Dica do Anonymus: você pode preparar essa receita com a geleia de goiaba ou derreter um pedaço de goiabada em uma panelinha com um pouco de água. O resultado será igualmente bom.

Pudim de laranja sem leite

Para o pudim: *10 ovos, 2 copos de suco de laranja, 2 copos de açúcar*

Para a calda: *3 xícaras de açúcar*

1 – Comece caramelando uma forma redonda com cone no centro, que tenha tampa, uma forma para pudim. Arrume as 3 xícaras de açúcar dentro da forma e leve ao fogo baixo. Quando começar a derreter o açúcar, cuidado. É preciso deixar bem derretido, mas o açúcar não pode queimar. Ajude com uma colher para desmanchar bem o açúcar na forma, até ele se transformar em uma bela calda cor de caramelo.

2 – Retire do fogo e espalhe a calda com a ajuda de uma colher pelas laterais e pelo cone da forma. Deixe a forma totalmente caramelada. Isso vai ajudar a soltar o pudim depois de pronto. O restante de calda ficará no fundo da forma.

3 – **NO LIQUIDIFICADOR:** bata os ovos (tenha o cuidado de abrir um por um), o suco de laranja e os 2 copos de açúcar. Despeje a mistura na forma caramelada e tampe-a. Leve ao fogo em banho-maria. Para fazer o banho-maria, coloque água dentro de uma panela e arrume a forma para pudim dentro.

4 – Quando começar a ferver a água, conte 1 hora. Estará pronto o pudim. Durante esse tempo, cuide para não secar a água. Adicione mais sempre que for preciso.

5 – Deixe o pudim esfriar, leve para a geladeira, desenforme e sirva gelado.

Dica do Anonymus: para aproveitar a calda que ficará na forma, coloque um pouco de água e leve ao fogo. Quando ferver, a calda vai desgrudar da forma e você terá uma porção de calda extra para o pudim de laranja sem leite.

Pudim de milho

4 xícaras de leite, 1 colher (sopa) de manteiga ou margarina, 1 xícara de queijo ralado, 3 ovos, 3 xícaras de açúcar, 1 ½ xícara de farinha de milho fina, 2 colheres (sopa) de farinha de trigo, 1 colher (sopa) de fermento químico (para bolo)

1 – **NO LIQUIDIFICADOR:** coloque todos os ingredientes, bata até misturar tudo e formar uma massa homogênea.

2 – Unte com manteiga ou margarina uma forma para pudim, com cone no meio.

3 – Arrume a massa na forma e leve ao forno preaquecido, sem a tampa. O tempo é entre 30 e 40 minutos. Cuide para não queimar. Estará pronto quando o pudim estiver dourado. Faça o teste do palitinho, colocando um palito dentro da massa. Se sair limpo, está pronto!

4 – Espere esfriar para desenformar e servir.

Dica do Anonymus: o pudim de milho é uma boa receita para as Festas Juninas, mas vale para o ano todo. Sirva como sobremesa ou lanche!

PUDIM DE QUEIJO

Para o pudim: *2 xícaras de leite, 1 lata de leite condensado, 4 ovos, 2 colheres (sopa) de maisena, 1 xícara de queijo ralado, 2 colheres (sopa) de açúcar*

Para a calda: *2 xícaras de açúcar*

1 – Comece caramelando uma forma média para pudim. Coloque as 2 xícaras de açúcar na forma e leve para o fogo baixo, cuidando até o açúcar derreter e virar caramelo. Com uma luva (a forma estará quente), faça com que esse caramelo cubra as laterais da forma e, com uma colher, coloque caramelo também no cone. Bem caramelada, deixe a forma de lado.

2 – **NO LIQUIDIFICADOR:** bata o leite, o leite condensado, os ovos, a maisena, o queijo e as 2 colheres de açúcar por uns 3 minutos.

3 – Arrume a mistura na forma caramelada e tampe. Arrume a forma dentro de uma panela com água e leve ao fogo no famoso banho-maria. Quando abrir a fervura, conte 50 minutos.

4 – Espere esfriar e leve a forma para a geladeira por 2 horas, em média, o tempo de deixar o pudim bem gelado. Desenforme e sirva gelado.

Dica do Anonymus: para uma calda extra, volte com a forma ao fogo e acrescente um pouco de água. Deixe ferver até soltar o caramelo que ficou na forma e complemente a calda do pudim de queijo.

Quindão de chocolate

2 latas de leite condensado, 4 colheres (sopa) de margarina, 6 ovos inteiros, 200ml de leite de coco, 7 colheres (sopa) de achocolatado em pó

1 – Comece untando uma forma para pudim (com um cone no centro). Use uma das colheres de margarina. Espalhe-a bem por todos os cantos da forma com a ajuda de um guardanapo de papel.

2 – Com a forma bem untada, espalhe uma das colheres de achocolatado em pó. A ideia é cobrir as laterais e o cone com o achocolatado.

3 – **NO LIQUIDIFICADOR:** bata o leite condensado, as 3 colheres de margarina, os ovos (claras e gemas), o leite de coco e as 6 colheres de achocolatado em pó.

4 – Com a mistura homogênea, despeje-a na forma.

5 – Tampe a forma e arrume-a dentro de uma panela com um pouco de água. Leve ao fogo, em banho-maria, com fogo forte, por 1 hora, aproximadamente. Comece a contar o tempo depois de abrir a fervura.

6 – Deixe esfriar naturalmente e desenforme o quindão diretamente no prato em que for servir.

Dica do Anonymus: antes de levar para a mesa, enfeite o quindão de chocolate com coco ralado. O contraste do branco do coco com o preto do chocolate fica fantástico. Sirva em seguida ou leve para a geladeira e sirva gelado!

ROCAMBOLE DE NOZES

Para a massa: 3 ovos, 1 colher (sopa) de fermento químico, 3 colheres (sopa) de manteiga, 1 copo de açúcar, 1 copo de farinha de trigo

Para o recheio: 1 lata de leite condensado, 200g de nozes picadas, 1 colher (sopa) de manteiga

Para a cobertura: 1 barra de chocolate meio amargo, 1 lata de creme de leite, nozes e chocolate para enfeitar

1 – **NO LIQUIDIFICADOR:** bata todos os ingredientes da massa. Arrume a mistura em uma forma retangular grande untada com óleo. A forma deve ser grande para a massa ficar fina. Leve ao forno preaquecido por, em média, 15 minutos. Retire do forno quando a massa estiver assada. Deixe esfriar.

2 – Para preparar o recheio, misture em uma panela as nozes picadas com o leite condensado e a manteiga. Leve ao fogo baixo e mexa até dar ponto de brigadeiro mole. Deixe esfriar.

3 – Para preparar a cobertura, derreta o chocolate em banho-maria. Quando estiver bem derretido, desligue o fogo e acrescente o creme de leite. Misture bem até obter uma mistura homogênea.

4 – Para montar o rocambole, desenforme a massa sobre um pano de prato úmido, espalhe o recheio por cima e, com a ajuda do pano, enrole o rocambole. Depois de enrolado, arrume-o em uma travessa e cubra-o com a cobertura de chocolate. Decore com

nozes inteiras e chocolate picado. Sirva em seguida ou leve para a geladeira.

Dica do Anonymus: o rocambole de nozes é uma delícia para qualquer ocasião. Você pode variar a cobertura ou até retirá-la para mudar o sabor e a apresentação do rocambole.

Sagu de kiwi
(com creminho do Anonymus)

1 xícara de bolinhas de sagu, 1 copo de vinho branco, 5 kiwis, 1 xícara de açúcar, 2 cravos

1 – Arrume as bolinhas de sagu em um prato fundo e cubra-as com água fria. Deixe por algum tempo até que elas dobrem de tamanho.

2 – **NO LIQUIDIFICADOR:** bata os kiwis descascados com 3 xícaras de água.

3 – Leve a mistura do liquidificador para uma panela, acrescente o vinho e os cravos. Leve a panela para o fogo. Quando abrir a fervura, junte as bolinhas de sagu já inchadas e mexa sempre para não grudar.

4 – Quando as bolinhas estiverem transparentes, acrescente o açúcar, misture bem e deixe cozinhar por mais 10 minutos.

5 – Retire do fogo, mexa novamente para misturar bem e leve para a geladeira.

Dica do Anonymus: sirva o sagu de kiwi com um creminho especial. Para preparar o creminho do Anonymus, coloque em uma panela um litro de leite, a casca de um limão e um pedaço de canela em pau. Leve ao fogo para ferver. Misture meia dúzia de gemas com uma xícara de açúcar, previamente peneirada, e duas colheres (sopa) de maisena, como se fosse fazer uma gemada. Com o leite fervido, retire a casca de limão e o pau de canela. Misture, aos poucos, o leite com a gemada. É importante que o leite seja misturado aos poucos para que as gemas não cozinhem. Leve ao fogo e, mexendo sempre, deixe o creme engrossar. Cuidado para não ferver. Coloque o creme em um refratário e leve à geladeira por, no mínimo, 2 horas.

Sobremesa mágica

2 caixinhas de gelatina sabor morango, 2 xícaras de açúcar, 12 gemas, 1 lata de creme de leite, 1 lata de leite condensado, ½ litro de água

1 – Comece dissolvendo uma das caixinhas de gelatina em uma colher de água.

2 – Em seguida, acrescente 250ml de água bem quente. Misture. Coloque tudo em um refratário grande.

3 – Por cima, adicione 250ml de água fria. Mexa bem e leve para a geladeira até que a gelatina fique bem firme.

4 – Com a gelatina consistente, prepare a segunda camada. Dissolva o segundo pacote de gelatina em uma colher de água fria. Depois coloque outra colher de água quente. Mexa bem. **NO LIQUIDIFICADOR:** coloque a gelatina dissolvida no liquidificador. Acrescente também o leite condensado e o creme de leite, sem o soro. Bata rapidamente.

5 – Arrume a mistura do liquidificador em cima da gelatina do refratário, que deve estar bem firme. Leve novamente o refratário para a geladeira até firmar também a segunda camada.

6 – Chega a hora de preparar os ovos moles. Arrume uma peneira em cima do copo do liquidificador e passe as 12 gemas por ela. Retire a peneira. Acrescente o açúcar e mais 1 xícara de água. Bata bem. Coloque a mistura em uma panela em fogo baixo e, mexendo sempre, espere engrossar. Quando engrossar, retire

do fogo. Deixe esfriar e leve para a geladeira por uns 30 minutos.

7 – Retire da geladeira o refratário. Faça a última camada com o doce de ovos já gelado. Sirva em seguida.

Dica do Anonymus: essa é daquelas receitas para conquistar toda a família. O sabor da gelatina vai bem para as crianças, e a combinação com os ovos moles fica perfeita e suave. Vale a pena, bem gelada, depois daquele almoço ou churrasco.

SURPRESA DE QUEIJO

300g de queijo minas, 300g de ricota, 1 limão, 1 colher (sopa) de farinha de trigo, 1 lata de leite condensado, 5 ovos, ½ kg de goiabada

1 – **NO LIQUIDIFICADOR:** bata a ricota, o queijo minas (ambos picados e com a água), a farinha de trigo, o leite condensado, os ovos e o suco do limão. Para dar um toque a mais de limão, raspe a casca e coloque junto para bater. Deixe misturar bem.

2 – Corte a goiabada em finas fatias e arrume-as no fundo de um refratário. Por cima entra a mistura do liquidificador.

3 – Leve ao forno preaquecido por, em média, 30 minutos ou até dourar levemente a parte superior. Sirva quente, morno ou frio.

Dica do Anonymus: a surpresa de queijo é uma receita delicada que pode servir para aproveitar os queijos que vão ficando na geladeira. É simples e vai bem no inverno, quentinha, ou no verão, bem gelada. Uma delícia.

Torta de fubá mineira

2 xícaras de leite, 200ml de leite de coco, 4 ovos, 3 xícaras de açúcar, 2 colheres (sopa) de farinha de trigo, 2 colheres (sopa) de farinha de milho, 2 colheres (sopa) de queijo ralado, 2 colheres (sopa) de coco ralado, 1 colher (sopa) de fermento químico, 2 colheres (sopa) de manteiga e açúcar cristal para a forma

1 – **NO LIQUIDIFICADOR:** bata o leite, o leite de coco, os ovos, o açúcar, a farinha de trigo, a farinha de milho, o queijo ralado, o coco e o fermento.

2 – Unte com manteiga um refratário ou uma forma retangular e polvilhe açúcar cristal por tudo: "enfarinhe" com açúcar cristal.

3 – Arrume a mistura na forma ou refratário e leve ao forno preaquecido por, em média, 50 minutos – o tempo de cozinhar a torta. Pode levar até uma hora de forno. Sirva.

Dica do Anonymus: a torta de fubá pode ser mais um ingrediente do café da tarde. Sirva quente, saindo do forno. Uma delícia. Ou experimente guardar para o jantar e servir fria mesmo. Ainda assim, o sabor do fubá misturado aos outros ingredientes é maravilhoso.

TORTA DE RICOTA COM PASSAS

200g de manteiga, 200g de ricota, 200g de bolacha maisena, 2 ovos, 1 lata de leite condensado, 1 xícara de passas de uva, 2 colheres (chá) de essência de baunilha

1 – **NO LIQUIDIFICADOR:** bata no liquidificador as bolachas, aos poucos. A ideia é formar uma farofa de bolachas. Com as bolachas trituradas, misture a manteiga, já derretida. Pode ser no micro-ondas ou em uma panela. Sove bem a massa até que ela fique uniforme.

2 – Arrume a massa no fundo de uma forma com fundo removível. Depois, espalhe pelas laterais. Não é preciso subir muito. A torta ficará baixinha.

3 – **NO LIQUIDIFICADOR:** bata a ricota em pedaços, os ovos, o leite condensado e a essência de baunilha.

4 – Arrume a mistura dentro da massa. Espalhe as passas por cima. Leve ao forno preaquecido por, em média, 45 minutos, o tempo de deixar o recheio bem consistente e a massa levemente dourada. Sirva quente ou fria.

Dica do Anonymus: para dar um toque especial, rale a casca de um limão ou de uma laranja por cima da torta de ricota. Além do perfume, o limão ou a laranja, acrescenta um sabor ácido à torta.

Torta preta e branca

300g de bolacha maisena, 6 colheres (sopa) de margarina, 100g de chocolate ralado, 4 ovos, 1 lata de leite condensado, 3 colheres (sopa) de maisena, 2 xícaras de leite, 2 colheres (chá) de essência de baunilha, margarina e farinha de trigo para a forma

1 – **NO LIQUIDIFICADOR:** comece preparando a massa da torta. Triture a bolacha maisena, aos poucos, no liquidificador. Bata até formar uma farofa.

2 – Misture a bolacha triturada com a margarina. Com os dedos, amasse até formar uma massa uniforme, tipo uma farofa.

3 – Unte e enfarinhe uma forma de fundo removível. Arrume a massa no fundo e nas laterais da forma, cobrindo completamente o fundo. Deixe a massa grossa, pois o recheio é bem líquido antes de ir ao forno.

4 – Para preparar o recheio, bata no liquidificador os ovos, o leite condensado, a maisena, o leite e a essência. Arrume a mistura na forma e leve ao forno médio, preaquecido, por 50 minutos.

5 – Retire do forno e cubra com o chocolate ralado. Sirva em seguida ou leve a torta para a geladeira e sirva gelada.

Dica do Anonymus: se você colocar imediatamente o chocolate ralado, ele vai derreter. Fica ótimo para servir a torta ainda morninha. Se preferir o chocolate em pedaços, espere esfriar, desenforme e aí sim cubra com o chocolate.

Torta Romeu e Julieta

Para a massa: *300g de bolachas Maria, 100g de manteiga sem sal, 1 ovo*

Para o recheio: *1 xícara de leite integral, 3 colheres (sopa) de manteiga, 300g de ricota, 1 lata de leite condensado, 3 ovos inteiros*

Para a cobertura: *200g de goiabada, 1 xícara de água*

1 – **NO LIQUIDIFICADOR:** comece pela massa – arrume metade das bolachas no liquidificador e triture-as. Repita com a outra metade. Enquanto isso, derreta a manteiga.

2 – Misture as bolachas moídas com manteiga derretida e ovo para formar uma farofa. Modele a farofa no fundo de uma forma de fundo removível untada e enfarinhada, apertando no fundo e nas laterais. Cubra bem, deixando a forma forrada com a massa da torta.

3 – Agora vamos ao recheio. Derreta a manteiga com o leite. No liquidificador, bata a ricota, o leite quente com manteiga, o leite condensado e os ovos. Bata por três minutos no mínimo, para que a mistura fique bem cremosa.

4 – Despeje essa mistura sobre a massa da torta. Leve ao forno preaquecido à temperatura baixa (150°C) para assar lentamente, cerca de 50 minutos.

5 – Enquanto a torta assa, prepare a cobertura. Derreta a goiabada picada com a água até formar um creme mais líquido. Deixe esfriar.

6 – Quando a torta estiver pronta, retire-a do forno e deixe esfriar. Cubra com a cobertura de goiabada já fria e sirva.

Dica do Anonymus: a combinação da goiabada com o recheio de ricota é fantástica. Mas, se quiser variar o sabor da torta, substitua por outra fruta como amoras, morangos... Prepare uma cobertura ou experimente com uma boa geleia.

Torta de sorvete

1 lata de leite condensado, 1 lata de creme de leite, 2 latas (a medida da lata de leite condensado) de leite, 1 colher (sopa) de maisena, 5 gemas, 5 claras, 5 colheres (sopa) de açúcar, 1 pacote de biscoitos champanhe, 1 pacote de merenguinhos, leite para molhar os biscoitos

1 – **NO LIQUIDIFICADOR:** bata o leite condensado, o leite, a maisena e as gemas.

2 – Logo após, leve ao fogo e deixe essa mistura engrossar no fogo baixo, mexendo sempre. Reserve.

3 – Na batedeira, bata as claras até que fiquem firmes, em neve. Após, acrescente o açúcar, fazendo uma merengada consistente.

4 – Junte à merengada o creme de leite com o soro, mexendo delicadamente, até que as claras fiquem completamente misturadas ao creme de leite.

5 – Agora misture os dois cremes, o do liquidificador e o da batedeira.

6 – Em uma forma com o fundo removível acomode os biscoitos champagne, previamente umedecidos em leite, até cobrir o fundo da forma.

7 – Despeje a mistura dos dois cremes por cima dos biscoitos e cubra com os merenguinhos, eles vão ficar levemente submersos no sorvete, formando uma espécie de coroa, revestindo toda a superfície da torta.

8 – Leve ao freezer e só retire horas depois, quando estiver firme, na hora de servir. O melhor é preparar de um dia para o outro.

Dica do Anonymus: para enfeitar e dar mais sabor à torta de sorvete, após os merenguinhos, acrescente calda de chocolate, em fios. A calda você compra pronta em qualquer mercado. Pode ser também sabor morango ou caramelo. Você decide. Antes de servir, depois de bem gelada, mais calda para dar um toque a mais e bom sacrifício!

Tortinhas musse de limão, maracujá e chocolate

200g de massa pequena para pastel, 2 latas de leite condensado, 2 latas de creme de leite, 1 "lata" (a medida de uma lata) de suco concentrado de maracujá, ½ "lata" (a medida de uma lata) de suco de limão, 1 limão, 1 maracujá, 6 ovos, 9 colheres (sopa) de açúcar, 6 colheres (sopa) de chocolate em pó, 100g de manteiga, 2 colheres (sopa) de chocolate granulado branco, 3 colheres (sopa) de água

1 – Comece pela massa. Unte com óleo forminhas pequenas de alumínio que você encontra no supermercado. Forre-as com a massa de pastel, uma em cada forminha. Arrume as forminhas dentro de uma forma grande e leve ao forno preaquecido por 20 minutos ou até dourar a massa. Espere esfriar e desenforme. Você vai ter tortinhas com massa de pastel. Faça quantas desejar. Você pode preparar de um ou mais sabores. As quantidades dos recheios rendem várias tortinhas.

2 – Agora, vamos ao recheio em 3 sabores: limão, chocolate e maracujá. Primeiro, a musse de maracujá. **NO LIQUIDIFICADOR:** bata uma lata de leite condensado, uma lata de creme de leite (retire o soro) e a medida de uma dessas latas de suco concentrado de maracujá. Arrume umas colheradas da musse dentro da tortinha. Para dar um toque especial, prepare uma calda de maracujá. Em uma panelinha, misture a polpa do maracujá, 3 colheres de açúcar e 3 colheres de água.

Deixe ferver por alguns minutos. Retire e espere esfriar antes de colocar nas tortinhas.

3 – Para preparar a tortinha musse de limão: no liquidificador, bata a outra lata de leite condensado, a outra lata de creme de leite (sem o soro) e o suco de limão. Arrume a musse dentro das tortinhas. Para enfeitar e dar mais sabor de limão, use raspas da casca do limão e também uma fatia bem pequena e bem fininha.

4 – Para a tortinha musse de chocolate, derreta a manteiga e bata-a já derretida com 6 ovos, 6 colheres de açúcar e 6 colheres de chocolate em pó. Arrume a musse dentro das tortinhas. Para enfeitar, um pouco de chocolate granulado branco.

5 – Antes de servir, leve as tortinhas para a geladeira por umas duas horas ou até que fiquem bem geladas.

Dica do Anonymus: as tortinhas são deliciosas para a sobremesa ou então para decorar uma mesa de festa. Experimente os três sabores ou invente um novo sabor, como musse de manga, de morango, de chocolate branco...

Trouxinhas de chocolate

2 ovos, 1 ½ xícara de leite, 1 colher (sopa) de chocolate em pó, 1 xícara de farinha de trigo, 1 ½ barra de chocolate meio amargo, 1 ramo de cebolinha, azeite ou óleo

1 – Comece preparando a cebolinha. Coloque água em uma panela para ferver. Acrescente 3 colheres de azeite e, depois de bem lavado o ramo, coloque as "tiras" de cebolinha na água. Deixe por 5 minutos ou até ferver novamente e retire-as. Arrume em cima de papel absorvente e deixe secar.

2 – **NO LIQUIDIFICADOR:** bata os ovos, o leite, a farinha e o chocolate em pó. Uma massa simples para panqueca.

3 – Unte com azeite uma frigideira pequena ou panquequeira, de preferência com antiaderente. Ali, coloque uma concha da massa. Espalhe. Leve para o fogo baixo e deixe cozinhar rapidamente até começar a desgrudar. Se for preciso, ajude com uma espátula. Vire a panqueca. Mais um minuto e pronto. Não deixe tostar e nem cozinhar muito, porque elas ainda vão ao forno. Essa quantidade de massa rende, em média, 10 panquecas.

4 – Corte a barra de chocolate em quadradinhos. Deixe as panquecas esfriarem.

5 – Coloque 3 quadradinhos de chocolate no centro de uma panqueca. Feche-a como um saquinho ou trouxinha. Amarre uma tira de cebolinha como se fosse um barbante ou fita. Corte as pontas e coloque a trouxinha

dentro de uma forma untada. Faça 10 trouxinhas, o número de panquecas.

6 – Leve ao forno por 10 minutos ou até tostar as pontas e derreter o chocolate.

Dica do Anonymus: as trouxinhas de chocolate são ótimas opções para uma festa. Experimente servir ainda quentes com sorvete de creme!

ÍNDICE DE RECEITAS EM ORDEM ALFABÉTICA

Ambrosia de forno 91
Arroz sete camadas 19
Arroz verde 18
Bolo brasileiro 93
Bolo casadinho 94
Bolo de ameixa 92
Bolo de café 95
Bolo de fubá 96
Bolo essência 97
Bolo natural de maçã 98
Camarão à parmegiana 21
Canelone invertido 22
Carne de panela pingada 23
Castelinho de panquecas 99
Costela na pressão 24
Cuca alemã de chocolate 100
Doce de goiabada 102
Escalopes com molho gorgonzola (com batatas e
  tomates assados) 25
Espinhaço tinto (com salada de batata da Vó Maria) 27
Estrelinhas de milho 103
Estrogonofe de costela 29
Estrogonofe de peixe 30
Estrogonofe de vegetais 31
Filé de peixe com camarões e cogumelos frescos 33
Frango com brócolis 34
Fricassê de forno 35
Galinha escondida...36
Gelado e geladinho de doce de leite 104
Gratinado de camarão 37
Lasanha de pão árabe 39
Lasanha de peixe na pimenta 40
Lasanha de ravióli 41
Lasanha de sanduíche 43

Lasanha enrolada	44
Macarrão cremoso	46
Macarrão do chefe	49
Macarrão picante	47
Maionese assada	45
Maminha na cerveja (com batatas gratinadas)	50
Mandioca de luxo	52
Manjar de coco	105
Massa show	53
Milagre de forno	55
Molho branco do Anonymus	56
Molho branco especial (com camarão à Cecília)	57
Molho de atum (com peixe recheado)	58
Molho de mostarda (com frango na mostarda)	59
Molho de nata (com bifes cremosos)	60
Molho de queijo (com abobrinhas recheadas)	61
Molho de tomate do Anonymus (com massa várias carnes)	62
Molho de tomate turbinado	63
Molho de vinho (com costelão banquete)	64
Molho gorgonzola (com bifinhos de frango)	65
Molho pesto	66
Molho Punta del Este	67
Molho puttanesca (com bifinhos)	68
Molho quatro queijos (com frango aos quatro queijos)	69
Molho rosé	70
Musse de banana	106
Ovos moles de liquidificador (com merengada cremosa)	107
Panquecas doces	108
Panquecas tropicais	110
Pão de liquidificador (com geleia de bergamota)	13
Pão integral (com geleia de morango)	14
Pastelão de liquidificador	16
Pizza de cachorro-quente	71
Pizza de doce de leite	111
Pizza de liquidificador	17

Porca atolada (com arroz de biro-biro)............................72
Potinhos cremosos..112
Pot-pourri de peixe..74
Pudim cara de bolo..113
Pudim de doce de leite..115
Pudim de goiabada..116
Pudim de laranja sem leite...117
Pudim de linguiça..75
Pudim de milho..118
Pudim de queijo...119
Quiche de salsicha..76
Quindão de chocolate..120
Requeijão do Anonymus (com pastelzão de salmão)....78
Rigatoni na panela..79
Rocambole de nozes...122
Sagu de kiwi (com creminho do Anonymus)..............123
Sobremesa mágica..125
Sopa do chefe..80
Sopa na moranga..81
Suflê fácil de frango..82
Surpresa de queijo..126
Surpresa salgada de polvilho...83
Tempero para galeto do Anonymus (com galetinho
  no forno, radite com bacon e polenta).......................84
Torta de frango..86
Torta de fubá mineira...127
Torta de ricota com passas..128
Torta de sorvete...132
Torta do dia seguinte...87
Torta preta e branca...130
Torta Romeu e Julieta..131
Tortinhas musse de limão, maracujá e chocolate......134
Trouxinhas de chocolate..136

Sobre o autor

José Antonio Pinheiro Machado nasceu em Porto Alegre, em 1949. É jornalista, advogado e escritor, com mais de 20 livros publicados.

Anonymus Gourmet, seu personagem, é uma das figuras mais populares no Rio Grande do Sul, com programas na TV COM, Canal Rural, RBS TV e rádios Gaúcha e Farroupilha. Mantém também uma coluna semanal no caderno de Gastronomia do jornal *Zero Hora*, de Porto Alegre.

J. A. Pinheiro Machado publicou, pela L&PM Editores, vários best-sellers com receitas e dicas do Anonymus Gourmet, que venderam, na sua totalidade, mais de 300 mil exemplares. Como jornalista foi diretor da revista *Playboy* e atuou como repórter em *O Estado de S. Paulo*, *Folha da Manhã*, *Folha da Tarde*, *Placar* e *Quatro Rodas*. Publicou os livros *Opinião x censura*, *Recuerdos do futuro*, *O brasileiro que ganhou o prêmio Nobel – uma aventura de Anonymus Gourmet*, *Meio século de Correio do Povo*, *Enciclopédia das mulheres* e *Copos de cristal*. Como Anonymus Gourmet publicou: *Anonymus Gourmet – novas receitas*, *Comer bem, sem culpa* (em coautoria com o Dr. Fernando Lucchese e com o cartunista Iotti), *Mais receitas do Anonymus Gourmet*, *200 receitas inéditas do Anonymus Gourmet*, *Dieta mediterrânea* (em coautoria com o Dr. Fernando Lucchese), *Na mesa ninguém envelhece* (livro de crônicas que recebeu o Prêmio Açorianos de Literatura, um dos principais do estado), *Histórias de cama & mesa*, *100 receitas de aves e ovos*, *Voltaremos!*, *Receitas da família*, *Receitas fáceis*, *233 receitas do Anonymus Gourmet*, *Receitas escolhidas do Anonymus Gourmet* e *Anonymus Gourmet – receitas e comentários*.

UMA SÉRIE COM MUITA HISTÓRIA PRA CONTAR

Alexandre, o Grande, Pierre Briant | **Budismo**, Claude B. Levenson | **Cabala**, Roland Goetschel | **Capitalismo**, Claude Jessua | **Cérebro**, Michael O'Shea | **China moderna**, Rana Mitter | **Cleópatra**, Christian-Georges Schwentzel | **A crise de 1929**, Bernard Gazier | **Cruzadas**, Cécile Morrisson | **Dinossauros**, David Norman | **Economia: 100 palavras-chave**, Jean-Paul Betbèze | **Egito Antigo**, Sophie Desplancques | **Escrita chinesa**, Viviane Alleton | **Existencialismo**, Jacques Colette | **Geração Beat**, Claudio Willer | **Guerra da Secessão**, Farid Ameur | **História da medicina**, William Bynum | **Império Romano**, Patrick Le Roux | **Impressionismo**, Dominique Lobstein | **Islã**, Paul Balta | **Jesus**, Charles Perrot | **John M. Keynes**, Bernard Gazier | **Kant**, Roger Scruton | **Lincoln**, Allen C. Guelzo | **Maquiavel**, Quentin Skinner | **Marxismo**, Henri Lefebvre | **Mitologia grega**, Pierre Grimal | **Nietzsche**, Jean Granier | **Paris: uma história**, Yvan Combeau | **Primeira Guerra Mundial**, Michael Howard | **Revolução Francesa**, Frédéric Bluche, Stéphane Rials e Jean Tulard | **Santos Dumont**, Alcy Cheuiche | **Sigmund Freud**, Edson Sousa e Paulo Endo | **Sócrates**, Cristopher Taylor | **Tragédias gregas**, Pascal Thiercy | **Vinho**, Jean-François Gautier

L&PM POCKET**ENCYCLOPAEDIA**
Conhecimento na medida certa

IMPRESSÃO:

Pallotti

Santa Maria - RS - Fone/Fax: (55) 3220.4500
www.pallotti.com.br